≪大切なあの人に≫

# 聞けばよかった 話せばよかった

Kikeba Yokatta
Hanaseba Yokatta

聞こう話そう委員会 編

まる出版

# はじめに

両親、夫や妻、祖父母、兄弟、友人、先輩、後輩、同僚……やがて必ず別れは訪れるはずなのに、その人が存在することが**いつしか当たり前**になってはいないか——？

その結果、その人から大事なことを聞く機会、その人に大事なことを伝える機会を**永遠に逃して**しまいはしないか——？

そのような思いが、本書の企画の根底にあります。

そこで、まる出版では「聞こう話そう委員会」を設立し、自分たちにつながりのある113人の方に、

**「あなたにとって二度と会えない大切な方は誰ですか？**

**その方に対して、今思えば『聞けばよかった』『話せばよかった』『してあげればよかった』と感じていらっしゃることはありますか？**

**その後悔をもとにアドバイスをいただけませんか？」**

とお願いし、匿名でご執筆（一部の方は委員会が聞き書きで原稿を作成）いただきました。

執筆者の体験した**後悔に基づくアドバイスを共有**することで、**私たちの身近な人間関係にもより良い変化が起こる**のではないかと感じたからです。

例えば、お父様を亡くした男性の多くが、
「酒でも酌み交わしながら、『どんな思いでこの仕事をしているのか?』といった**父の仕事観**について聞いておけばよかった」
と書いてくださいました。照れくさく、お互い仕事も忙しくて、そんなふうに語り合う機会を逸してしまった――だとするならば、お父様がご健在の男性は、語り合う機会を一度持ってみると良いのかもしれません。

そんなふうに本書を読み進めてくださったら、と思っています。

なお、本書では「二度と会えない大切な方」の定義を執筆者の方に委ねました。ある方はお腹の生命について書いてくださいました。ある方は不義理をして会えないと感じている上司について、ある方は昔の自分について書いてくださいました。また、10歳のお子さんは小学校で感じた後悔を語ってくれました。ぜひご一読いただけたらと思います。

本書は、三部構成となっています。

**PART1は、「113人からの体験的アドバイス」**

**PART2は、「プロに学ぶ、大切な人と関わるときに大事にしたいポイントやコツ」**

**PART3は、「身近な人とのコミュニケーションに役立つヒント集」**

です。

「身近な人ともう少しコミュニケーションをとったほうがいいのはわかっている。でも、そのきっかけがつかめない／その方法がわからない」という方がもしもいらっしゃいましたら、ぜひPART2やPART3にも目を通してみてください。

本書が、皆様の身近な人間関係について考える、ひとつのきっかけになればうれしく思います。

まる出版　聞こう話そう委員会

PART 1
「〜すればよかった」113人からの体験的アドバイス



## 母と父

## 家族・親戚

## 大切な人

PART 1

# 「～すればよかった」113人からの体験的アドバイス

父母、家族や親戚、恩師や友人……
大切な相手との関係において
後悔していることは何か？
そして、その体験をもとに、
「今思えばどうすればよかったか？」を
寄稿していただきました。

# 母と父

母

# やれなかった「動物占い」

2008年に母が亡くなりました。一人っ子で長男として生まれた自分は、両親の、何より母の愛情を一身に受けて育ちました。でもそれに気づいたのは、母が亡くなった後のことでした。中学、高校と進むにつれて自分は、母の愛情を疎ましく思うようになりました。反抗期というものでしょう。一浪した後、大学進学のため上京しました。母との間の関係を修復しないまま、離れて生活することになりました。盆や正月に帰省しても、2日も経てば母と自分の間に険悪な空気が生まれました。

ある時、帰省して実家に着くなり、母親はおもむろに、当時流行っていた「動物占い」の本を持ってきて、「あなたは4月生まれだから○○なんだって。『感情的で、変わった行動をする性格』だって」と楽しそうに話し始めました。突然それが始まったのと、言われたことに若干思い当たる節があったということもあり、「何だよ、いきなり」と強い口調で言ってしまいました。母はそれっきり本を閉じて黙ってしまいました。「動物占い」の話もそこで一切、終わってしまいました。

自分は東京で就職しました。ある年、母は癌を患い、2年半、闘病した後に亡くなりました。いよいよ母が危ないという時、自分は母に「ありがとう」や「ごめんなさい」を一度も言っていないことに気がつきました。なので、その思いを手紙に託すことに決めました。病院の共用スペースで便せん20枚に書きました。「母さんがつくるハンバーグが世界一美味しいです。ありがとう」「仕事で行き詰まった時、電話で話を聞いてくれてありがとう」「絵を教えてくれてありがとう」……。後日、父親から「あれ読んで母さん、喜んで泣いてたぞ」と聞きました。なので、いくつかの「ありがとう」と「ごめんなさい」はあの手紙を通じて伝えられたのかなと思います。

でもあれだけでは全然足りない。**例えば、母が楽しそうに「動物占い」の本を持ってきたあの時、家族3人で無邪気にそれに興じたら、母からどんな言葉が聞けたのか。**自分は母に向けてどんな言葉をかけてあげられたのか、それがどんな思い出として互いの心に刻まれたのか——。今も時折、むなしく想像します。

——（40代・男性）

## 母とかかわる時、その一瞬一瞬をもっと大切にすればよかった

母

# 身近な人が亡くなるということ

母を癌で亡くして1ヵ月余りが経ちます。

母は、主婦として会社勤めの父を支え、海外の複数の国を含む多くの転居を経験しながら私と弟を育て、家を守ってきました。同時に、70代に入っても大学の公開講座に通い英語の勉強を続け、短歌を詠んで歌壇に送るなど、文化的なことも好む人でした。私自身もそんな性質を受け継いだように感じています。

実は、母が亡くなる数ヵ月前、雲行きが良くないとわかってからは、「後悔しないように過ごそう」ということは私なりに意識していました。感謝の気持ちは伝えた。聞きたいことも聞けた。最後の数ヵ月は優しく接することも出来た（と思う）。それでも、時間を巻き戻したいと強く思うことがあります。

それは、**元気なうちから、もっと母と「共感」できれば良かった**ということです。

私が母を想う時に懐かしく思い出すのは「共感してもらえた」と感じた場面です。

## 自分は、母が私にしてくれたように共感してあげられたのだろうか

学校や職場での出来事を話す時に「嬉しかったでしょう」とか「悔しかったわね」という風に、自分と心を重ねてくれたことが思い出されます。

自分は母に対して、同じようにしてあげられたのだろうか。アメリカの友人に英語で手紙を書くから添削してほしい、と頼まれた時。歌壇に送ろうとしている短歌の感想を聞かれた時。それらの言葉から感じたことを、母の心に寄り添うように伝えてあげれば良かった。**「いつか落ち着いたら」と思いながら、それを省略しがちであったことが悔やまれます。**

当然ですが、身近な人が亡くなるということは、質問したいこと、伝えたいことが次々と湧いてくるのに、相手はもういない、ということです。だから後悔がないように、言葉にして伝え、聞きたいことを聞くのがとても重要です。そして、そうしたコミュニケーションの先にある「共感」は、一層貴重なものだと思います。その積み重ねが豊かであるほど、会えなくなってからの寂しさも和らぐものではないかと、私はいま強く感じています。

——（40代・男性）

母

# 家族を最優先に考えてくれた母へ

2002年7月のあの日、私は病院の片隅で泣いていました。大人と言われる年齢になって以来、涙が止まらない経験をしたのは、後にも先にもあの日しかありません。家族に見守られながら母親が息を引き取りました。享年56。

「乳がんが見つかった」。この知らせを受けたのは、母親が亡くなる数年前のことです。既にステージが進み、すぐに東京都内の病院で手術を受けることになりました。女性にとって乳房にメスを入れる経験はどれほど辛いことだったろうと今さらながら思います。

手術後の抗がん剤治療はさらに過酷なものでした。髪の毛は抜け落ち、口にした物もすぐに戻してしまう日々。その辛さに母親はじっと耐えていました。

私は会社の理解も得て、平日の昼休みに母親を見舞い、食事の手助けなどをしました。「動けなくなってもお父さんのそばにいてあげたい」。ベッドの上で母親が語ったこの言葉を今でも忘れることができません。

本人や家族の願いも届かず、母親の体はがんに蝕まれていきました。主治医の配慮もあって、亡くなる前に自宅で数日間、過ごすことができたのはせめてもの救いです。そして、2002年7月のあの日を迎えました。

がんは日本人の2人に1人がかかるとも言われます。今でこそ早期発見の重要性が叫ばれ、検診も一般的になってきました。しかし、専業主婦だった母親がどれだけそういった機会に接していたのか。それを思うと、取り返しの付かないことをしてしまったのではないかと自責の念にかられます。

私と妹、そして父親のことを最優先に考える母親でした。まだ若かった私はそんな母親に「がん検診は受けているのか」と声をかけたことはありませんでした。亡くなってしばらくたってからこのことに気づき、母親が元気なうちにもっとできることがあったと悔やまれました。

最近になって妹にも乳がんが見つかりました。幸い、初期の段階で発見でき、手術を受けて順調に回復しています。**大事な人の命を救うのは、周りの人たちのちょっとした言葉なのかもしれません。**母親の遺影に手を合わせるたび、病と闘った月日が昨日のことのように思い出されます。

――（40代・男性）

## 母親に「がん検診は受けている？」と声をかければよかった

母

# 最期の言葉

「あまり(子供たちを)怒らないでやってね」

母が亡くなる直前、私に掛けた最期の言葉がこれです。

母が亡くなったのは私の子供たちが4歳と2歳になった頃の初秋、癌でした。当時私は実家のある場所とは離れた場所で生活しており、年に数度帰省する折に母を見舞うのがせいぜいでしたが、その分メールでのやり取りは毎日ほぼ欠かさず行なっていました。

亡くなる2週間ほど前のこと。もう携帯を持ち上げるほどの力が無いから連絡は出来ないという電話口から聞こえた母の力ない声に、最期の時が近いことを悟りました。

急ぎ駆けつけた病室。
ベッドに横たわる母の姿は私にとって衝撃でしたが、半日近くのドライブの後、連れて来られた緩和ケア病棟という場所がどのような場所なのか幼い子供たちが理解できるわけはありません。狭い車内から解放され大騒ぎする子らに苛立ちから怒りつけた、そんな私への最期の言葉が「あまり怒らないでやってね」だったのです。

私はあまり親の言うことを聞くような子供ではなかったようで、母から散々怒られた記憶があります。昔のことですから手が飛んできたことだって幾度もありました。
その母が私に遺した言葉が「怒らないで」なのですから、聞いた当初は反発の気持ちの方が強く、全く受け入れることは出来ませんでした。

ですが月日が経ち、**いつの間にかこの言葉が子らを怒る前の私には抑止力に、そして怒った後は反省するきっかけにと変わり、深く私の中に根付いていることに気付いたのです。**

## 母が子育てで後悔したことや失敗したなと思うことを聞いておけばよかった

思えば母とは子育ての大変さや難しさの話をすることはありましたが、後悔したことや失敗したなと思うことについては話すことも聞くこともありませんでした。けれども私自身、子供を怒った後など反省することが山ほどあるのですから、きっと母にもそういうことがあったのではないかと思うのです。

子供たちも今はすっかり成長し、自分たちが小さかった時のことを私に尋ねる事がありますす。そんな時は子供たちの幼かったころのようすとともに、**その時後悔したことや失敗したなと思ったことも一緒に話す**ようにしました。失敗や後悔したことを伝えることで、それがいつか何かの役に立って欲しいなと思うのです。

（40代・女性）

母

# 命を削って、支えてくれた母

私は、とある片田舎の旅館に生まれ育ち、27歳で家業を継ぎました。今でこそ、個人のお客様がインターネットで予約する時代ですが、当時の旅館はまだまだ団体旅行が主流で、女将が朝から晩まで取り仕切り、身内中心の完全な家業でした。女将の仕事は、朝のお客様のお見送りから、現場の管理、予約対応、そして経理と、数え出すときりがありません。そして、あっと言う間に夕食の時間になり、すべてのお客様のあいさつをしてまわります。唯一女将が休めるのが、それが終わった夜9時ころから朝まででした。そこへ追い打ちをかけるように一人の夜警さんが退職してしまい、その分を私と母でカバーすることになりました。当然私と母は、昼間も仕事をしているので、夜警がある時は本当に体がきつくなります。その年の暮れの寒い日、私が風邪気味になり、すでにその月は何度か母に夜警を代わってもらっていたのですが、その日も代わってもらいました。母は風邪も引いたことのないくらい元気な母でしたが、

## 自分の事ばかり考えて、母に負担をかけてしまって申し訳なかったと謝りたい

その時だけはしんどそうでした。年が明けて、旅館の資金繰りも厳しい毎日で、私は自分のことで頭がいっぱいになっており、夜遅く仕事を終えると、夜警をやっている母に対して、父と方針が合わないことや旅館の経営が厳しいことの愚痴を延々夜中の3時まで話を聞いてもらっていました。母は少しでも仮眠を取りたかったと思います。あくびをこらえて聞いていてくれました。しかし、私は母の体がしんどかったことなど全く気づかず、話をよく聞いてくれる母がいてくれることで、認められているように思え、優越感さえ感じていたと思います。そしてその母が一週間後、急性の心筋梗塞で他界しました。なんで、あの時に夜警を頼んでしまったのだろう、なんでもっと気遣ってあげなかったんだろうと、自分のことしか考えていなかったことを本当に後悔しております。その母が最後に妻に言い残した言葉が、「息子の話をよく聞いてやってくれ」だったと聞いて、今でも本当に申し訳なく思います。**自分がピンチの時ほど、周りへの配慮を忘れてはいけない**んだと、その時以来思うようになりました。

（50代・男性）

母

# 自分のすべてを信じてくれた母へ

「聞けばよかった　話せばよかった」という言葉から真っ先に思い浮かべたのは母のことです。東日本大震災のちょうど1週間前、２０１１年の3月4日にくも膜下出血で倒れました。

私は小学校に入学する前、大病をして一度死にかけています。それまで働いていた母が、自分を看病することになって、仕事を辞めてずっと付き添ってくれました。当時は、病院に親も一緒に泊まれるようになっていて、母の着ていたネル素材のパジャマの色と感触が今でも記憶に残っています。

母は自分のことを１２０％信じてくれる人でした。小学校4年のときの担任の先生がすごく細かくて、生活委員であるにもかかわらず整理ができず、落とし物の多い私に「落とし屋」というあだ名をつけるような人でした。ある日、母親を交えて三者面談になったんです。母は謝っていたけれど、途中で「誰かにご迷惑掛けていますか？」と先生に聞きました。すると先生は「迷惑は掛けてないんですけど、このままだと彼のためにはならないと思って……」と答えたんです。

今でもはっきりと覚えています。そのときは母が「わかりました。それなら結構です。この子には几帳面なお嫁さんを持たせますから」と言ってくれたんです。母が自分のすべてを信じてくれていることを、あらためて実感した出来事でした。

母は、とても先進的で快活な人で、主婦の会を作り、何十年も部長をしたりしていました。

その一方、母は戦時中に父親を亡くし、3姉妹の長女として、貧しい中で家族を懸命に支えて生きてきた人でもあります。当時の苦労が大きかったからだと思いますが、外に見せる快活さとは異なる顔を私だけには見せていました。長女ならではの苦しさ、母親（私の祖母）との葛藤などを私によくこぼしました。私は、小学校の頃からたびたびその話を聞かされていました。

3月4日に倒れた母は、その年の12月末に亡くなりました。直接の原因があったわけではなく、肺炎にかかり、体調を崩して……という感じでした。あとを追うように、それから1ヵ月も経たず、父も亡くなりました。11月頃、母の容態が良かったときがあって、そのときに父と2人で撮った写真がいちばん良い写真です。ニコニコしているんです、2人とも。

そんな母にしてあげたかったことを2つ挙げるとすると、**1つは旅行**です。祖母が100歳を過ぎて亡くなりました。「お父さんと2人でいつか旅行に行こうね」と言っていたのに、親を看取って数年で、旅行に行く間もなく自分も倒れてしまいましたから。

**もう1つは、もっと話を聞いてあげれば良かったな**と。当時はやっぱり少しイヤだったんです、「なぜそんなに親のことを悪く言うのか?」と感じたりもして。今思うと、私に話すことで精神のバランスを取っていたんだろうなと思います。それに、話をしてくれるということは、自分を対等な存在として扱ってくれているということでもあるんですよね。でも、当時はそういうことがわかりませんでした。

また、今思い返すと……、母は父が一生懸命働いている姿をすごく誇りに思っていました。だから、その気持ちに寄り添って、「お父さんのことが自慢なんだね」というひと言をかけてあげられたらよかったんじゃないかとも感じています。

ただ、子供のとき、自分がもっと母の話を聞いていたら、母の人生は何か変わっていたのか――？　おそらくほとんど何も変わらなかったでしょう。そこまでおこがましいことは考えられない。もっと話を聞いていたら、単に**今の自分の気持ちが少し楽になっていただけ**のことだと思います。

私は日々「自分の道で頑張ろうと懸命に努力している人を応援したい」という想いで仕事をしていますが、私を静かに見守り、すべてを認めてくれた母の姿勢に大きな影響を受けていると思います。

――（50代・男性）

## 母が私だけにこぼす愚痴を、もっと聞いてあげればよかった

母

# 葬儀を済ませた後に

私が29歳の時、母は持病の喘息で、58歳で他界しました。

母が2歳頃に両親共亡くなり、すぐに奉公に出たそうです。ある時、セロテープでぐるぐる巻きになったぼろぼろの定規が出てきたので「これは何?」と聞いたところ、奉公先で女中さんにいじめられ、その定規でよく叩かれたという話をしてくれました。

幼い頃から貧しくて辛い思いをしていたこと、なんとか見返してやろうと思って定規も捨てなかったことなど、苦しい思い出は聞いたことはありましたが、**どんなに幸せだったかという話はほとんど聞いたことがありませんでした。**

母が亡くなってから、気になったのです。「母は父と出会って幸せだったんだろうか?」と。私の目に映った両親は夫婦喧嘩をし、離婚すると騒ぎ、父はお酒を飲んでは暴れていました。

葬式を済ませた後、母の友人に聞くと、「両親は駆け落ち同然で結婚し、すごく幸

## 母の幸せにまつわる話を、母本人から聞きたかった

せに過ごしていた」、「学生時代の母は綺麗で友人の憧れだった」と、当時の写真を私に見せながら教えてくれ、なんだか嬉しくて涙が出ました。

母が亡くなって5年後、スティーブ・ジョブズが病床で感じたことを語った言葉を聞いて、もっと母に、楽しかったことや嬉しかったこと、幸せだった時のことを話してもらえば良かったと思いました。

「私が持っていけるものは、愛情にあふれた思い出だけだ。〜あなたに力をあたえてくれるもの、あなたの道を照らしてくれるものだ。 byスティーブ・ジョブズ」

2月の寒い日、入院中の母の付き添いのために布団を抱えて病院に向かった際、路上のホームレスが寒そうにしているのが気になった、と病床の母に話すと、「なぜ、布団を置いてこなかったの？　そんな子だと思わなかった」と目に涙をため、悲しそうにしていました。そんな愛に溢れた母が、もし沢山の思い出を口に出して話していたならば、どれだけ病と闘う支えになっただろうかと、聞かなかったことを悔やみます。身近な人の幸せを普段から聞ける人でありたい、と思います。　―（40代・女性）

母

# 「受かったよ」母に伝えたかった言葉

私の両親は共働きで、同居していた母方の祖母と過ごすことの多い幼少期でした。幼稚園の運動会の練習日に母が仕事で来られず、私ひとり、担任の先生と泣きながら踊った記憶は、今でも鮮明に覚えています。私にとって、甘える存在は母ではなく、祖母でした。ところが、その後、母が病気で仕事を辞め、祖母はおじと住むことになりました。

母は専業主婦となり、一緒に過ごす時間も増えました。買い物に出かけたり、テレビを見て笑いあったり……。そんな何気ない日常を楽しく過ごしていましたが、母の関心ごとは徐々に、私の成績のことになりました。中学校に入ると、ことあるたびに母は「○○高校に行けるように、勉強を頑張りなさい」。母の干渉が煩わしくなり、言い争いばかり。母が入退院を繰り返すようになっても、「うるさく言われなくてよかった」と母の不在に、ほっとするときすらありました。

やがて、母は自分で起き上がることが困難になり入院。私は母がそんな状態になってもなお、いずれ治って戻ってくるのだろうと気にかけませんでした。結局、私は母の願う高校を目指し、受験を目前に控えた冬、母は脳死状態となりました。父と母方のおじ、おばは、私を心配し、なんとか受験日まで持たせたいと主治医に相談したそうです。試験日の朝まで母は持ちこたえ、私は試験を終えて帰宅後に亡くなったことを知りました。そして、1週間後、母に伝えることは叶いませんでしたが、志望校に合格しました。

私は母が亡くなった年齢を越えました。娘も2人います。この瞬間に自分がいなかったらと考えると、さみしさで胸がいっぱいです。娘たちはどんな人と付き合うのかしら、どんな仕事につくのかな、どんな親になるかしら……。成長する姿を見ることができないのは無念です。母も同じ気持ちだったろうと思います。**会えなくなる日はいつくるとも限らない――私はそう思いながら、娘たちと過ごしています。**娘たちが私のように、「母ともっと話せばよかった」と後悔しないように。

――（40代・女性）

## 会えなくなる日はいつくるかわからない。母ともっと話せばよかった

母

# 私が結婚しようと思った理由

一昨年から母が認知症になった。今では家族の人数も名前も思い出せないことが増え、ずっと家の中の見つからない何かを探している。

母は、昔から常に誰にも負けたくない人だった。幼少期の私は、ピアノ教室やコンクールで1番になるよう、近所に響く大声で怒鳴られ、棒で叩かれながら練習をした。最も辛かったのは、他の子供と比較されたことだった。

思うように育たなかった娘を諦め、その後母は社会人経験もないまま不動産の販売会社でパート勤めを始めるが、ほどなくして全国1位の販売成績を取り続け、取締役になった。とにかくそのパワーは人並外れていた。

そんな母は私が年頃になると、近所の娘さんがこんな人と結婚したという話をよくするようになった。実家に帰省し「早く結婚しなさい」と言われるたび、どんな相手だと母は満足するのか、なぜ結婚するのかが分からなくなり、東京へ逃げ帰った。

## 過去の記憶に囚われ、母親に抵抗し、どこかで結婚も避けていた

しかし44歳の今になってふと、今まで母がご近所さんから何度も「娘さん結婚してないの?」と聞かれ、気まずく笑っていたことを想像すると、急にいたたまれなくなった。今の母になら言える気がして「私が独り身で恥ずかしかったでしょ」と半分独り言のように尋ねると、「そんなこと一度も思ったことないわ」とすぐに返ってきて拍子抜けした。自ら1番を極めた母にとって、とっくに娘は勝ち負けを託す存在ではなくなっていたのだ。逆に、私は大人になって母から自由になったつもりでいたが、どこまでも過去の記憶に囚われ、母に抵抗しながら生きてきたのだった。

**過去から解放された私は、母を受け入れ、本当の意味で親子になれた気がした。この時なぜか、人生で初めて結婚しなきゃという感情が湧き上がった。**よく親のために結婚や孫をという話は聞いてきたが、そんな子として真っ当な感情を、私も抱くようになったのだ。このままだと心配症の母は娘を案じ、うわ言で「あの子は幸せ?」としきりに言うようになるもしれない。まだ母は辛うじて私を認識できるときがある。だから私は結婚をし、母に安心した記憶を残したいのだ。

――――(40代・女性)

母

# 若くして亡くなった母の無念な思い

私が中学3年生の冬。当たり前だと思っていた日常が一変しました。母の病気が発覚し、入院することになったのです。

母が病院に行く日。家のリビングで、父が母の写真を撮っていました。「病院に行く前に記念写真？」そう疑問に思ったのは覚えていますが、このときは意味がわかりませんでした。その意味が本当に分かったのは、この写真が1年後、遺影として使われていたのをみたときでした。

「このとき母はすでにこうなることが分かっていたのかな……」

父から母の詳しい病状を知らされたのは、母が亡くなる1週間前くらいだったと思います。病気が発覚したときには、すでに末期がんで何もしなければ余命1年。やれることはすべてやってきたこと。でももう後は、麻薬で痛みを和らげることしかできないこと。ただそうすると意識もなくなることもあるから話せるのも残りわずかだということ。そして母はできるだけ長く自分たちと向き合うために麻薬使用は断り続けてきたこと。

父から母の病状を聞いた次の日。

「もう少しあなたたちと一緒にいたかった」。

麻薬の痛み止めのせいなのか、私が詳しい病状を知ったからなのか、母ははじめて私にそんなことを口にしました。しかしそんな母に私は、どんな言葉をかけたら良いかわからず、そのときはただただ号泣してしまいました。

その後母は激しい痛みとの闘いが始まり、意識も無いことが多くなっていきました。結局私は、ちゃんと自分の思いを伝えることができないまま、母は息を引き取りました。41歳でした。

私は、母に深い愛情をもって育ててくれたことへの感謝などを言葉にしてちゃんと伝えることができなかったことを後悔しています。**面と向かって話すのは恥ずかしい部分もあるので、今から考えると、文章として書いて手紙を渡せばよかったな**と。

今でも、面と向かって話をするのはまだ恥ずかしい私ですが、お世話になり感謝している方に、感謝を伝えられず後悔しないように、思いを手紙で伝えるようにしています。

——（30代・男性）

## 母の無念さや心配を和らげる感謝の思いを伝えられたらよかった

母

# ママ、ごめんね

すぐに駆けつけてあげられなかった、ごめんね
ちゃんと話を最後まで聞いてあげられなかった、ごめんね
そんなこと言わないでって説得しちゃった、ごめんね
あれが最後の電話だったのに、ごめんね
あのときもっとママに優しくなれてたら、ママは死なずに済んだのに
ごめんね、ごめんね

あの日、あの冬の寒い夜、あなたは一人で旅立ってしまった
桜の模様の便せんに最期の言葉をしたためて
誰も恨むことなく、ありがとうの言葉をたくさん遺して

仕事なんて放りだせばよかった
家事だって、友達との約束だって、買い物だって、
どんなことでもママの命以上に大切なものなんてなかったよ
「じゃあ3日後ね」と言ってしまった自分をやっぱりずっと悔いてるよ

新しいパジャマを買っててくれたんだね、それなのに
私の好きなもの、冷蔵庫に入れておいてくれたんだね、それなのに
ランチの予約もしていてくれたんだね、それなのに
指折り数えて待っていてくれてたんだよね、それなのに
ごめんね、ごめんね

私はいろいろ間違った、たくさんたくさん間違った
一番の間違いはね、それは、はじめに祈ったこと
あの瞬間に時間が戻せるなら、私は今すぐ飛んでいく
**大切な、大切なママの手を握るために、ぜんぶ放り投げて飛んでいく**

祈ることしかできなくなってから、はじめて気づいたことなんだ
**祈るのは一番最後だと**

いつか私が本当にママのところへ行ったとき、ちゃんと「ごめんね」を言わせてね

（50代・女性）

ぜんぶ放り投げて飛んでいき、その手を握ればよかった

父

# 父にしてあげればよかったこと

気がつけば、お父さんが亡くなった年になりました。
お父さんが生きられなかった時間を生きています。

わたしは、お父さんが大好きでした。
ですが、単身赴任で、いつも家におらず、2週間に1度家に帰ってきます。

病気で入院した時、「たいしたことない。すぐに退院するから」と聞いていました。
高校生のわたしは、大変なことがおこったけど、お父さんが身近にいることがうれしかった。だって、会いに行けば会うことができんだから。でも、まさか、二度と帰らないとは思わなくて……。

ある日、学校の先生に「すぐに病院にいきなさい」といわれて、駆け付けた時には、手術も成功して、もう大丈夫と言われていたお父さんが意識不明でした。突然の動脈瘤破裂。それから二度と眼をあけることはありませんでした。

泣いて、泣いて、泣いて……。
あんなに泣いたのは、人生で初めてでした。

でも、日常に戻ったときに**いちばん悲しかったのが、自分の日常が変わらないこと。**
だって、普段の食卓にお父さんはいないから、お父さんの部屋に明かりがないのもいつものこと。わたしの日常は、お父さんがいないことが当たり前でした。二度と会えないだけ。それが、いちばんつらかった。

やっぱり42歳は、若すぎるよ。

どんなに病院がきらいでも、仕事が忙しくても、体調が悪いなら早く病院にいってほしかった。だって、先生が言ってたよ。そんなに黄疸がでたら、普通は動けないはずだって。なんで、我慢するの。病院嫌いじゃすまないんだよ。

**お父さんと、もっと話したかったよ。**大学のこと、成人式のこと、仕事のこととか。お母さん、すぐ言い間違いするから、面白いネタいっぱいあるよ。あと、姪っ子が産まれたんだよ。わが家のアイドル。相談にものってほしかったな。特に、大学の進学、就職や転職の時は、けっこう悩んだんだよ。

でも、いちばん伝えたいのは、最後に伝えられなかった言葉。

「お父さん、ありがとう」——————(40代・女性)

## 大好きな父に、最後に「ありがとう」と伝えたかった

父

# よくある父と息子の話

今から2年前に亡くなった父との話です。

僕は、良く言えば放任主義で育てられました。父からあまり干渉されず、二人きりで深く話した記憶もありません。僕が一人暮らしを始めた後も、帰省した際に他愛のない会話を交わすぐらいのものでした。そのため僕の中で父は家族でありながら、どこか関係の浅い無機質な存在の人でした。

亡くなる20年ほど前に腎不全を発症し、人工透析を受けてからはめっきりお酒を飲まなくなった父ですが、僕が帰省したある時、透析前によく通っていた地元のスナックに初めて連れて行かれました。「好きなもの飲んで歌ったら？」と言われましたが、当時は僕もほとんど酒も飲まなかったため「俺はいいよ……」と素っ気ない返事をし、ただその場を早く終わらせようとしていました。正直、そのときの父の様子は覚えていませんが、結果的に2人でそのようなお酒の場に行ったのはそのときが最初で最後になりました。後に胃に進行がんが見つかり、そこからは1年も持ちませんでした。

思えば僕は父（というか両親）のことをまったく知りませんでした。個人で精密模型業を営んでいたのですが、実家である群馬から、いつどのように東京に出てきて、模型の仕事に就き、どこで母と出会い結婚したのか。見合いなのか恋愛結婚なのか。ほとんど知りませんでした。

そしてそれらは父の死後、法事の際に親戚の方や、つられて話し出した母の話で少しずつ聞くことが出来ました。聞けば、模型屋になりたくて高校を中退し、あても無く荷物ひとつで東京に出てきたとのこと。僕の中では父がそんな大胆な行動をするイメージが全く無かったので、正直驚きました。他に聞いた話の中にも無機質とは程遠い、生き生きとした父がいました。

## 父が元気なうちに2人で酒を飲みながら語り明かしておけば良かった

でも、それらは本人から聞きたかった。酒の勢いで武勇伝的に多少盛られた話だったとしても。

父が元気なうちに2人で酒を飲みながら語り明かしておけば良かった——本当にどこにでもあるよくある話ですが、「いつでも出来る」と思って先送りしていた結果、後悔することになってしまいました。

ただ、僕の話で言うと、その後悔以上に、今さら聞く両親の昔話がとても面白い。過去に戻ることの出来ない今は、**父を知ってる人と会うたびに話を聞き、僕の中の父を埋めていこう**と思っています。

——（40代・男性）

父

# 1冊の本を手渡した父の想い

私は父の仕事の関係で、国内外の学校を転々としていました。なぜ私まで海外に行かなければいけないのかと不満が溜まり、やがて父とはあまり話さなくなりました。20歳になった頃、父からもらったのが『ビジネスマンの父より娘への25通の手紙』という本でした。押しつけがましいなあ、と当時の私は見向きもしませんでした。

父は米国勤務の時には、次は中南米で働きたいとスペイン語を習っていました。南太平洋の島国への出張ではキラキラした瞳の子供達と嬉しそうに写真に納まっていました。海外で生き生きと働く父の姿は忘れられません。

私に対しては、国際的な環境に恵まれた自分の母校や勤務先を勧めていました。しかし私はいわゆるバンカラと知られる大学から日本企業に就職してしまいました。

家族は一緒に住むべきだ、日本人なのだから日本の大学をとりあえず出なさい、など人生の節目での父の助言には感謝の気持ちでいっぱいです。

今では私も父と同様に日本と外国を結ぶ仕事をしています。**父がなぜ海外へ行きたかったのか、父を駆り立てたのは何だったのか、10年前に他界した父には結局聞くことが出来ませんでした。**ベストセラーの本を通してではなく、仕事に対する父の思いを直接聞きたかったです。後悔をしないよう素直に何でも聞く、というのが今の私の重要なルールとなっています。

父からもらった大事な本は、今でも目次を眺めるだけです。ページをめくると父に聞きたいことが更に増えてしまいそうで、依然私の本棚で眠ったままです。

（50代・女性）

## 仕事に対する父の思いを直接聞けばよかった

父

# 父が連れていってくれた秘密の場所

父が亡くなってから3年になります。最近になって、父に聞いておけばよかったと悔やんでいることがあります。なぜならそれは父にしか分からないことだからです。

私が育ったのは、東京都内から私鉄で1時間ほどの埼玉県のとある町です。家がある場所は、駅にあるポスターやチラシに、よく「東京からすぐ行ける低山ハイキングコース」というものがありますが、そんなハイキングコースの中にふくまれているようなところです。

ちょっと歩けば〝山〟、というような環境ですから、小さい頃父と遊んだことを思い出すと、出てくる場面は必ずと言っていいほど〝山〟ということになります。今思うと、子連れで遠出してどこかに遊びに行くというのが面倒なので、近所の山に遊びに連れていってごまかしていただけなのかもしれませんが……。

しかし、子供の頃の私には、山に遊びに行くのはきらいではありませんでした。行く場所はだいたい決まっていて、歩いて小一時間ほどのところにある山の峠にあたるところでした。そこは地元の人に〝山の神〟と呼ばれている祠がある場所です。そこまで行ってちょっと休憩して帰ってくるというだけなのですが、その道中でする体験は、あるときは、父が山の斜面に生えている木のツルを切ってくれて、天然のターザンロープのようにして遊んだり、あるときは、山道の水たまりの中でサンショウウオの卵を発見して興奮して持ち帰ったりといったような、子供にはドキドキするようなものでした。

現在、私は都内に住んでいますが、都会での生活が長くなり、年齢を重ねるにつれて、子供の頃の自然の中であたりまえのようにしていたことが、とても貴重なことだったのだと思えるようになってきました。

私が小学校の高学年の頃の秋のある日だったと思います。今日はいつもよりも歩くぞ、と父に言われるままに、いつものように山に向かいました。しかし、その日の目的地はいつもの場所ではありませんでした。山の神を通りすぎ、どんどん歩き続けました。通ったこともない薄暗い木立の中を歩いた記憶はなんとなく残っていますが、あとはどこをどう歩いたか、全く覚えていません。とにかく普段よりも長い距離を歩きました。

途中で、どこにいくのか、と私がきくと、今日はマツタケを採りにいく、と父は言いました。小学生の知識では、高価なマツタケが採れる場所というのはもっと遠い地方の限られた場所だと思っていたので、自分の身近な山でマツタケが採れるということに驚きました。やがて、薄暗い斜面を登りきった日当たりのいい場所に出たと記憶しています。そして、父は立ち止まり、たしかこの辺だと言いました。そこは地元の人でもほんの一部の人しか知らない、マツタケの自生地だったのです。私たちは日当たりのいいその場所の周囲を探し回り、小さいサイズでしたが、いくつかのマツタケを発見することができたのでした。そのときの記憶は、数ある父との山歩きの中でも特別な体験としてはっきりと記憶に残っています。

あの日、**年齢的にも長い山道を歩いても大丈夫**だろうという**判断と、そろそろ親離れしていく年頃でもあることを悟った父がはじめて私をあの場所に連れていった**のではないかと思います。実際、その後、中学・高校・大学と続いた学生生活や社会人となってからの忙しさが続く間に、父と山歩きをすることもなくなっていきました。

社会人になってから数年経った頃、母が亡くなりました。その後、父は埼玉の実家に一人で暮らすようになり、私は時々、父親の様子を見るために実家に帰るような生活が続きました。そして3年前に父が他界しました。

父の死後、久しぶりに山に行ってみようかとふと思いました。そのとき、思い出したのが、父と長い時間歩いてマツタケを採りに行ったあのときの記憶でした。そこで、しまった、と私は思いました。その場所を知っているのは父だけですし、通常、マツタケが採れる場所は他人には教えないというのがルールということも知っていました。子供の頃の断片的な記憶だけではもちろん行くことはできません。

悔やまれるのは、せっかく父親が残そうとしてくれた秘密の場所への道のりを聞きそびれてしまったということ。しかし、それよりも後悔されるのは、**強く記憶に残っているあの場所に父と一緒にもう一度行っておけばよかった**ということです。

もし、みなさんの身近に、その人しか知らないことがあって、それが口伝えでしか残せないような事なら、すぐにでもしっかりと聞き取っておくことをおすすめします。それは単に知識や情報を聞いて残すということではなく、その人とあなたの思い出を残すことにもなると思うからです。

――（50代・男性）

父との秘密のあの場所に、一緒にもう一度行っておけばよかった

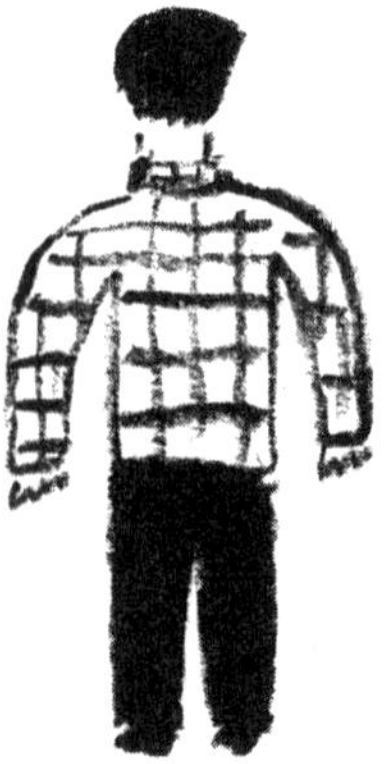

父

# 「唐揚げ1個」の父親論

もう一度、父が右の拳を振り上げた瞬間、私はドアを背にして膝から崩れ落ち、次の鉄拳制裁を逃れるために左腕を前へ伸ばした。共和政ローマの末期、ポンペイウス劇場で暗殺されたユリウス・カエサルが「ブルータス、お前もか！」と叫んだと伝わるあの有名なシーンと、ちょうど同じ構図だ（『カエサルの死』ヴィンチェンツォ・カムッチーニ作より）。たかが唐揚げ1個で、なぜこんなことに——。

40年ほど前、私が小学生だったある蒸し暑い夜。その日、父は酔っていた。これといって特徴のない、ごく普通の唐揚げを肴に杯を重ねている。ふと気がつくと、皿に盛られた唐揚げは、わずかに1個。たいしてうまそうにも見えなかったし、とりたてて食べたいと思ったわけでもなかったが、「魔が差した」という言葉はまさにこんなときに使うのだろう。私は父に断りなく「ラス1」のそれをちょいとつまんで口へ放り込んだ。と、次の瞬間、鉄拳が飛んできた。冒頭のシーンにつながるのは、それから数秒後だった。

11年前、私が結婚した半年後に、父は64歳で突然帰らぬ人となった。亡き父の名誉のために補足すると、この事件を除いて、私は父に怒られた記憶がない。人並み以上に仲はよかったし、人として尊敬もしていた。恥ずかしげもなく言うと、理想的な父親だった。そのイメージが自分の中で壊れることを私は恐れたのだろう。あの穏やかな父が、たかが唐揚げ1個でなぜあそこまで激高したのか。その理由を、ついに聞くことができなかった。母は健在だが、父からそんな話は聞いたことがないという。ひょっとしたら、あの唐揚げになにか特別な事情があったのかもしれないが、真相は藪の中だ。

現在、私には5歳の娘がいる。あるとき彼女は、あの日の私と同じことをした。皿に盛られた「ラス1」のカニをまんまとかすめ取り、満面の笑みを見せたのだ。血は争えない。

父は孫の顔を知らずに逝った。同じ「親」になった私が、もう一度だけ父に会えるとしたら、あの唐揚げ事件をネタに酒を酌み交わしたい。そして、**「親だって、たまには子に腹を立てることもあるよね」「酔って記憶が飛んじゃうこともあるよね」という当たり前の話を、激しくうなずきながら聞いてあげたい**、と思う。理想の父親など目指さなくていい。いまならそれがよくわかる。

———（40代・男性）

聞きたいことは、いますぐ聞こう。たかが唐揚げ1個のハナシでも

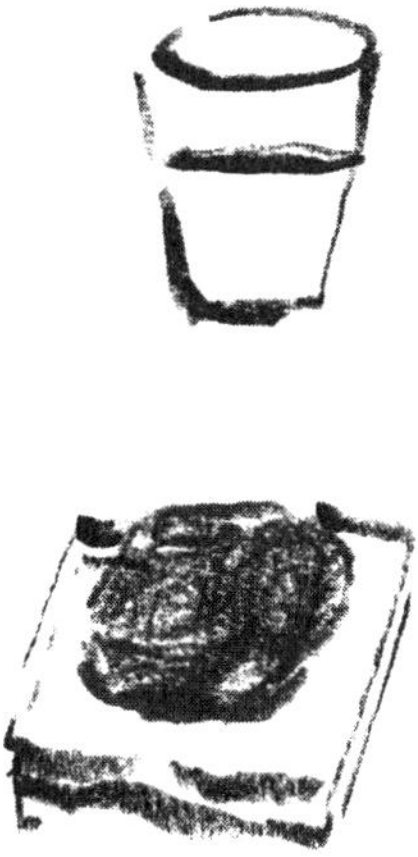

父

# 健康だった父との突然の別れ

あまりにも突然の別れだった。病気も入院もしたことのなかった父が七十一で急逝した。急性心筋梗塞だったと覚えている。一報を受けて実家へ移動中の二時間強人目を憚らずずっと泣いていた。あれから十八年近く経つが一生忘れる事はない。まだまだ親孝行をしていってあげたいところでそれ故に父に対してはやりたくてもしてあげられなかったことばかりだ。

いちばんの後悔は、やはり父が生きている間に私が「結婚」できなかったことだろうか。私は付き合う相手を選ぶ際にいつも家族、特に父とのコミュニケーションが上手く行きそうなタイプを選んでいた（ように思う）。父も私もお酒が好きで実家に帰った時はよく晩酌に付き合っていたくらいなので、父とパートナーが楽しくお酒を飲みながらさまざまなトピックで会話を楽しんでくれるというのが理想だったのだ。父もそれをきっと楽しみにしていたのではなかったかと思う。

## 父に対して、もっともっと親孝行したかった

父は多くを語る人ではなかったし、私のパートナーへ求めるものが強かったわけではなかったと思うが、それでもそれなりの相手であってほしかったのだと思う。姉たち同様に普通に嫁に行って、私の子供も見たかっただろうと思う。私も頑張ってはいたもののご縁とタイミングが合わず、結局一度も父に合わせた男性はいなかった。

今、父が生きていたら何と言われるだろう。年に一度くらいは「どうするんだ」と言われていただろうか（笑）。もう直接話すことはできないが、**時々お酒とお寿司を供えて遺影に仕事、プライベート、母の事等いろんなことを話しかけてはいる。**天国から全てお見通しで見守っていてくれるだろう。

親孝行はしたくともいつ突然できなくなるかわからない。親の他界だけでなく自分だって体を壊したり病気になったりと親孝行をする機会を失うかもしれない。悔いがないくらい親孝行したとしても、きっともっと親孝行すればよかったということになりかねない。**百点は無理でも合格点位を目指して残された母のケアを頑張ろうと思う。**それも含め父への親孝行になると信じて。

——（50代・女性）

父

# 今。父に聞きたいこと

私のこの話がこの本の主旨に合致したものなのかは少々疑問が残ります。なぜなら私が話を聞きたいのは私の父であり、その父は若干ボケは入ってきたものの至って元気に存命しており、どうにかすれば話を聞くことは不可能ではないからです。では、なぜ話を聞きに行けないかというと、それは4、5年ぐらい前から私は父から「来るな」と言い続けられているからです。理由はいくつか思い浮かぶのですが、決定的なものは分かりません。今は、彼一流の叱咤激励ではないかと思うことにしています。

**さて、こうなる前に私が父に聞いておきたかったことは、彼が体験した「戦争」についてです。** 父が昭和14年生まれ、母が昭和13年生まれだから、ふたりとも戦争を体験しているといっても子供の時の話です。台東区入谷の生まれの母からは、埼玉の田舎の方に疎開させられたこと。そこでは毎日少しの芋しか食べさせてもらえなかったこと。そして、終戦後に実家に帰ったときに、入谷から日本橋の松坂屋（松屋?）の石

## 2人の子供の親になった今、父から戦争時代の話を聞いておきたい

造りの建物が遠くに見えたこと（つまり、一帯の木造の建物がすべて焼けてなくなってしまって、入谷から日本橋までが見渡せたという話ですね）。そんな話を情感豊かに話してくれました。ところが父の方は、「戦争は絶対にやっちゃいけないんだ」とか「前の戦争で日本はさんざん悪いことをしたんだ」とか主張めいた話はしてくれるものの、母のような実体験や実際に見た風景の話を語ってくれたことはありませんでした。

さてさて、私はなぜそんなことを父に聞きたいと思うようになったのか。私は50年間、平和で豊かな時代だけを過ごさせて頂きました。父はそのことを指して「お前なんか、幸せ過ぎちゃうんだ」「これが、当たり前じゃないんだ」と常々言っていました。そして、その幸せ過ぎる時代だけを過ごした私も2人の子供の親になり、彼らにそういったことも何かしら語ってやらなければなと思う場面がでてきたのです。

幸せでなかった時代の話。知らないので知っている人に聞こう。そして、伝えよう。**この思いで頑固者の父の壁を崩すことができるか**。今。私の努力如何ということになります。

——（50代・男性）

父

# 「戻ってくるな」に込めた親父の想い

もともと画家を志していた親父が家業を継ぐことになったのは、兄弟達が戦死したためでした。家業というのは、雨具や帆布の製造販売です。

それでも仕事の合間には、いつも絵を描いていました。具象的な故郷の風景画ですが、地元の水彩画協会に入り、ときには展覧会にも出展していました。

私は男3人兄弟の末っ子です。地元の高校で美術部に入り、本格的に絵を描くようになると、次第にキュビズムの影響を受けて、抽象画に取り組むようになっていきました。今思うと、とても生意気ですが、当時は「目にするものをそのまま描くなんて何の意味があるのか？」という思いが強く、風景をありのままに描く親父を少し小馬鹿にしていたのかもしれません。

そんな私に対して親父は、かつての自分の姿を重ねたのか、東京の美大を目指すことを応援し、送り出してくれたのです。

**「東京に行ってもいいが、ここには戻ってくるな」**。それが親父の言葉でした。そして、兄貴たちのときのように下宿先まで挨拶に来てくれることもありませんでした。当時の私は、親父の心の内がわからず、「もしかしたら僕は嫌われているのかもしれないな」と思ったものです。

卒業後の私は、高校の美術教師になり、デザイン会社などを経て、メーカーの広告宣伝室に入りました。

親父が他界したのは、私が27歳のときです。戦争で満州からニューギニアに渡った際、マラリアにかかって心臓肥大になり、その後遺症が原因でした。

絵を生業にすることをあきらめ切れずにイラストレーターとなったのは、ちょうど40歳のときですが、きっかけは、その2年前に他界したお袋の言葉でした。「私は長くないから、おまえ、あと好きにやっていいよ」と背中を押してくれたのです。

そのとき強烈に甦《よみがえ》ってきたのが、「東京に行ってもいいが、ここには戻ってくるな」

という、親父の言葉でした。それが「オレのような郷土作家になるな」という意味だったことをあらためて思い出したのです。「故郷の風景画や買い手の好みだけを意識した絵は、自らの中から湧き出る何かを描く絵とは、根本的に違うのだ」と親父は言いたかったに違いありません。

真のクリエイティブとは、たとえ依頼者がいなくても、自分の時間を創り、自分のお金を使って描くこと。そこから生まれる新しいものを大切にしなければ。親父とお袋の言葉がきっかけで、そんな思いがより強くなったのです。

あるとき親父は、「鶴首《かくしゅ》しています」という手紙を私に残し、他界しました。「戻ってくるな」と言った、あの親父がです。

私には娘がいますが、やはり美大に進みました。そして、「私はお父さんみたいな絵、描かないから」と言いました。**それはまさに、かつて私が親父に向かって言った言葉です。**

今でも私は、『フィールド・オブ・ドリームズ』『砂の器』『異人たちの夏』など父と子を描いた作品は、涙なくしては見られません。

親父の死後、押し入れから1枚の絵が出てきました。ニューギニアと思われる景色です。崖の上に、えぐられた砲弾の跡があり、そこに色鮮やかな花が咲いています。その絵を見て、「敵兵に囲まれ死を覚悟したとき、こんなに綺麗なところで殺し合いをしていたんだなと思った」と話してくれたことが、ふと頭に浮かびました。これもまた、親父の記憶の中の風景だったのかなと。

もしも親父にもう一度会えるなら、ゆっくり酒でも酌み交わしながら、絵について語り合いたいものです。

——（60代・男性）

## 親父と、2人の共通点だった絵について、もっと語り合えばよかった

父

# 写真撮影が好きだった父

2年前に亡くなった、カメラが大好きでいつも写真を撮ってくれていた父へ、多くの素敵な思い出や記録を写真として残してくれたことに感謝の気持ちを伝えたかったです。

父は幼少時に祖母が病気で亡くなったため、厳しい祖父の元、厳格に育てられました。小学校卒業後に丁稚奉公で京都の西陣織物で働いていた父の若いころの夢はカメラマンでした。

貧しい生活を過ごしながらも、いつかきっと夢を実現しようと仕事をしていました。大人になり、その夢はかなわなかったものの、ローンでずっと欲しかったカメラを購入し大切に使っていました。そして結婚し、家族ができ、子供の成長を数えきれないくらい沢山撮り続けてくれました。

でも、それはプロとしてではなく、趣味として家族との思い出を残すために写真を撮ってくれたのでした。今思えば、反抗期の時期にはそのような父の思いもわからず写真を撮られるのを嫌がっていたこともありました。

父が他界して残してくれた山程の写真を見て、**家族を愛してくれた父に感謝の気持ちを伝えたかったです**。そしてどのような思いで撮影したらこのような素敵な写真が撮れるのか知りたかったです。

父が形見に残してくれたカメラを、今後は自分の家族の撮影に使いたいと思います。

（50代・女性）

**私たちの写真を撮ってくれた父に感謝の気持ちを伝えたかった**

父

# 語られることのなかった父の人生

私が後悔しているのは、今から20年前の夏に交通事故で突然の死をむかえた父と、生前腹を割って語りあったことがなく、父が自身の人生についてどのように思っていたのか何も聴くことができなかったこと。また、長男であるにもかかわらず、東京で好き放題をやり、実家の商売が衰退していくのをそのまま放置してしまったことです。

実家は、食料品や雑貨を扱うミニ・スーパーで、人も雇い地元ではそこそこ繁盛していた方でしたが、80年代中盤に大手資本のショッピングセンターが出来たのを境に、あれよと言う間にシャッター商店街化が進み、街に人通りが絶え、父が亡くなった頃には近所の老人相手の細々とした商売になっていました。

本来ならば、こうした状況に追い込まれる前に、長男である私が実家に戻り、父の商売を手助けすればよかったとも思われますが、当時は坂口安吾気取りで「ふるさとは語ることなし。俺は実家の商売を継ぐことより、もっと価値のある人生を生きるのだ」とうそぶいていたのです。そんな虚勢も、あの夏の日の突然の他界で、悔恨に変わってしまいました。

父は、本当は東京の工学部へ進学しエンジニアになりたかったようですが、病弱で若死にした兄に代わり実家を継ぐことになったそうです。生前の父は、自分の若き日の夢や自身の人生について、家族に語ることはほとんどありませんでした。

かつての私は、それは父が自分の夢を封印し生きてきたからだと理解してきたわけですが、自分でも家族を持ち、人生の浮き沈みを多少なりとも経験した今、父が語らなかった理由はそれほど単純なものではないと考えるようになり、**何を考え、何を思い、どんな感情が渦巻いていたのか、ちびちびと日本酒をやりながら、話を聴いてみたかった**と、今更ながらに思うのです。孝行のしたい時分に親はなしと言いますが、まさにこのことかと。

お父さん、お母さんがご健在な方、出来る限り話を聴いてください。お子さんがいる方は、人生について語り合う機会を！

――（50代・男性）

## 日本酒でもやりながら、父の話を聴いてみたかったと今更ながらに思う

父

# 家業を継いで実感した父への心残り

大学では、機械工学を学びました。父親は、写真スタジオを経営していましたが、自分はまったく継ぐ気がありませんでした。

千葉の大学に入ったので、そのとき東京の実家を出ました。下宿時代は、私のアパートの留守番電話に、酔った父親からの「元気かー?」なんてメッセージが残っていました。でも、気恥ずかしさもあって「うるさいなあ」なんて思っていました。息子ができて、彼が「海外留学したい」なんて言い出したときに、初めて父親の気持ちがわかるようになりました。

就職した会社はとても忙しく、毎日が充実していたこともあって、正月も帰らないくらいの放蕩息子でした。たまに出張のついでに実家に泊まったりして……そのときは父親がお酒を用意して、夜遅くまで自分のことを待っていてくれました。ただ、特に共通の趣味もないし、傍らにいる母親を介して何となく会話する感じでした。

父親の体調が悪いと聞いたのは、結納した年の年末です。彼女（現在の妻）の実家で過ごしていたら、姉から電話がかかってきて、「肺炎で緊急入院した」と。父親は、戦時中、テストパイロットをやっていて墜落したことがあり、そのとき肋骨を骨折していました。また、結核をやったときに肺を1つ失っていて……そんな身体だったので、呼吸不全になってしまい、入院から約2週間後に亡くなりました。自分が30歳のときでした。

父親は、亡くなる1年前に、多額の借金をして、写真スタジオの建物をビルに改装していました。自分に継がせる気はまったくなかったのですが、誰かに継いでもらえないかと知人などに掛け合っていたみたいです。そういったことは、父が入院してから、母に聞いて初めて知りました。

「何もしてあげられなかった」という後悔が強烈に湧いてきて、入院先のベッドの脇で意識朦朧の父親に思わず「店はちゃんと守るから」って言ってしまいました。それがきっかけで、勤めていた会社を辞め、写真スタジオを継ぐことにしました。

そうやって、父親の仕事を継いで、本当に何も話していなかったんだなと。**父親がこの写真スタジオをどうしたいと思っていたのか、ビジョンみたいなものを聞いてお**

**けばよかった**。父親が培ってきた技術やノウハウも、何ひとつわからなかった。それがとても心残りです。

父親は、最後の最後まで、成人式の撮影予約を入れてくださっていたお客さんのことを気にしていました。枕元にノートが置いてあって、従業員に向けて「お客さんたちのことをどうしてほしい」といったお願いや懸念が殴り書きしてありました。

父親は、今度の成人式は自分で撮影できないなと思っていたかもしれませんが、この世からいなくなるとまでは思っていなかったのかもしれないです。だから自分も**「こんなふうに急にいなくなるんだな」という思い**でした。

自分には大学生の息子がいます。夜、家のリビングで一緒になったときなどは、今自分が何を考えているかをできるだけ話すし、できるだけ聞くようにしています。向こうは迷惑だと思いますけど、時間を割いて。2人が話したという事実は、多分、彼の記憶の中にきっと残るんじゃないかなって。自分はそれすらもできなかったから……そこがちょっと心残りかなっていう思いはあります。

――――（50代・男性）

自ら時間を創って、父親の仕事観などを聞いておけばよかった

父

# 父との想い出

父は測量技師をしておりました。数ヵ月に1度しか帰らない父を、小さな頃は「たまに来る薄汚れたおじさん」と怖さを感じ、父は父で自分を見て怯える娘をなかなか可愛がることはできなかったようです。

私も構ってもらいたくても言えないジレンマのまま、大人になってしまいました。

定年を機に、健康診断を受けたところ「ガン」が見つかります。手術をしたものの、その後転移……。

今後の人生をどう仕舞っていくか、というときに「お父さんのしたいようにしてほしい」と話をしました。

そこから父は、鍼灸で治療をしながら、ホスピス・葬儀会社・斎場を自分の目で探して決め、母の携帯電話にその電話番号を登録し、「必要な時に電話すればわかるように」しました。

亡くなる2ヵ月ほど前に介護ベッドを自宅に入れ、その1ヵ月後にはホスピスへ……。

1週間後に話せなくなりましたが、最期の会話は「あの時(のこと)を覚えているか」。私が初めて、母に反抗した時の出来事、でした。

きっと父はあの日からずっと、私を〝何を考えているのかわからない娘〟と見ていたのだと思います。

「私だけのせいじゃないと思うよ」と私が言うと、はっとした顔をしてその後安堵した笑顔……。その後父は話せなくなりました。

最後に和解できたと思いたい。

でも、**もし時間を戻すことができるなら、もっと早く誤解が解ければよかったかなと思います。**

## あの日の誤解を解くために、父ともっと早く話せばよかった

父はきっとあの日からずっと私のことが心配でしょうがなかったでしょうから。私も、父ともっと話したかった。

「点に面積はあるかないか」で小学生の頃大喧嘩をしたことがありました。測量技師にとって、点に面積があってはいけません。でも、目に見えるものに面積がないのはおかしなこと。いつまでも平行線だったけれど、そういうディスカッションをもっともっとしたかった。

読んでくださっている方のご両親がご健在でしたら、意地を張らずに自分の気持ちを伝えていただければと思います。

——（50代・女性）

父

# 船乗りだった父親との確執

昭和2(1927)年に生まれた私の父親は、ぎりぎり戦争にいかなかった世代だ。なんでも独学で学ぶ質で、特に機械いじりが好きだった。我が家の扇風機は強・中・弱の3段階の他に微風の調整ができたり、ブラウン管のテレビは独自のリモコンで遠隔操作できたり、不思議な改造があちこちに施され、からくり屋敷のようだった。

神戸から東京に出て、通信士として気象庁で働いていた父親は、どうしても船に乗りたいと、海外航路の船乗りになった。航海中の海の上ではやることもなく、自由な時間が多いため自分の好きなことをできるというのが、船乗りになった大きな理由だったようだ。

海の男だった父親は、陸のことには無知で、死ぬ直前、バブル期の土地の売買がらみの失敗で大きな借金を背負っていることがわかった。しかも、反社会勢力もからんでいて、私は大変なトラブルに巻き込まれることに。**もともと価値観が合わず仲の悪かった父親とは、さらに険悪な関係になった。**いろいろな人の助けを借りて、なんとか事態は収束させたが……。

82歳で父親が亡くなった後、大学で社会学を専攻していた私の息子が、父親にインタビューしたときの録音テープが出てきた。そのテープを聞いてみると、戦後間もない頃の時代を駆け抜けた、破天荒な父親の生きざまが生々しく語られていた。戦時中、女性をナンパして憲兵隊に殴られた話、ドスをもって屋根にのぼって切腹しようとした話、世界中をめぐり火遊びした話など。まるで小説の主人公のような、自分が知らない父親がいた。もう少し話をしておけばよかったと、しみじみ思った。

そういえば、余命半年くらいのとき、突如父親はこんなことを言った。「他には、子供は作っていないからな」。船乗りの世界では、ほかに家族がいるのは、よくあることなのかもしれない。めちゃくちゃな人だったが、その言葉が、父親なりの家族への誠意だったのかもしれない。

——（50代・男性）

## 仲の悪かった父親の話を、もう少し聞いておけばよかった

父

# あの日父に聞きたかったこと

病院に行くときは、いつも母が付き添ってタクシーで行っていたのに、どうして父はあの日に限って一人で出たのでしょう。

杖をトイレ横に置き忘れていました。どうして気がつかなかったのでしょう。杖がなければほとんど歩けないのに、どうして取りに戻らなかったのでしょう。

財布にタクシーの領収書が入っていたから、タクシーを家まで呼んだのかしら。流しを拾ったのかしら。

行った先は神田の眼科。車で30分以上かかる所。わざわざそんな遠くまで行かなくても、近くにも眼科はあるのに。

数日前、作ってまだ3ヵ月しか経っていないコンタクトレンズを洗面台に落として、見つからなくて、母が珍しく、高いのにとブツブツ言っていた。

その日は、母がリハビリに出かける唯一の外出の水曜日。わざわざ水曜日に思いたって一人で行ったのは、そのせい？


リハビリから帰った母に、病院から電話が入りました。

母と私で慌てて駆けつけると、酸素マスクと心臓マッサージ。まったく機械は音を発しません。

「もう良いです。ありがとうございました」


胃に残留物はほとんどありませんでした。

お昼は食べていないですね。

キオウショウニシンシッカンハアリマシタカ？

「路上に倒れていらっしゃいました。『大丈夫ですか？』と声をかけると、口をパクパク動かして何か伝えたそうでした」と発見者は言いました。

そこは、角を曲がったら30歩で家に着く距離でした。あと少し、あと一歩、壁を伝いながら、父は今日一人で出たことを悔やんでいたでしょうか。折しも昼前から雨が降り出し、救急車が来るまで、傘を差しかけてくれたそうです。

朝は変わらず、細かいことを口うるさく注意されて「嫌だなあ、いなくなれば良いのに」と、思ってしまいました。


**いつもと変わらない退屈な日は、幸せということ。**

日常は突然非日常になることがある。

――――（50代・女性）

日常は突然非日常になる。父は最期に何を伝えたかったのだろうか？

父

# 商売をしていた父との確執

私が7歳の時に、父親は小売市場のなかで洋品店を開業しました。開業当初は、順調に売り上げを伸ばしていましたが、近隣に大型スーパーができたことなどから、徐々に売上げは伸び悩みました。

父親は、無口でどちらかというと、黙々と仕事をするタイプ。母親がお客さんと親しくなるために、世間話をしていることを「お前はしゃべってばかりで、仕事をしない」と批判していました。それに対して、母親は「話をすることでまた買ってくれるのに……」と不満を漏らしている場面を何度も見ました。私は、母親の言うことの方が正しいと思い、父親に対して、上手く商売ができない人と決めつけ、もどかしさを感じていました。

私は銀行に就職しました。銀行では、事業が上手くいっていない事業者に対しては、バカにするような空気があり、違和感を抱きながらも、それに染まっていき、今まで以上に父親に対して、不満を感じるようになっていきました。

私が40歳の頃、父親に消費者金融から多額の借金があることが判明して、私が資金を調達して返済を行いました。その後、私が商売を立て直さなければと考え、銀行に勤めながら、店の運営に口を出し、資金を確保するために、金融機関から借入れを行なうことを主導しました。一端の経営コンサルタント気どりです。

そんな私に対して、父親は何も言わなかったけれど、少しずつ仕事に対する意欲を無くしていったように思います。そして、認知症を患い、77歳の時に他界しました。結局、金融機関からの借金は残り、私が10年かけて返済していくことになりました。**返済している間は、父親のことを心から許すことができませんでした。**

返済が終了した今、考えてみると、私が商売に口出しするようになったことが、父親の意欲を衰えさせて、認知症になる原因をつくり、死期を早めたのではないかと思うことがあります。

私の父親に対する態度や行動について、父親はどう思っていたのか？　商売をどのようにしたかったのか？　家族のことをどのように思っていたのか？　**聞いておけばよかった、もっと色々話しておけばよかった**と後悔しています。

あらたまって親と話をすることは、気恥ずかしくて、話しにくいこともありますが、高齢の親の想いや希望に耳を傾けておくことは大切なことではないでしょうか？

（50代・男性）

## 私の態度のこと、商売のこと、家族のこと……もっといろいろ話せばよかった

父

## 元気だった父の突然の死

私の両親は、父親が77歳、母親が80歳、ともに元気で、埼玉県で2人で暮らし、老後を悠々自適に過ごしていた。2人の息子も家族を持ち、兄は神奈川に、弟の私は実家から車で数分の場所に住んでいた。

7月のある日、事態は突然起こった。母親は実家の鹿児島県に一人で帰省していた。一人残された父親は、趣味のロードバイクに乗って、早朝からサイクリングにでかけた。荒川の河川敷を急性心筋梗塞に襲われた父親は、自転車にまたがったまま倒れた。早朝だったこともあり、発見が遅れ、救急搬送までに時間がかかってしまった。

母親が近くにいなかったことから、一番近くにいる身内の私が病院にかけつけることになり、**病院についたとき、父親に必死に心肺蘇生が行われていた。しかし、もはや手遅れで、父親はそのまま帰らぬ人となってしまった。**

父親の死後、日記が出てきた。若いころから毎日、日記をつけ続けていることは知っていたが、読んだことは一度もなかった。

父親が死んだ日から、さかのぼるように日記を読んでいった。ここ数日の記述から、雨が続いてなかなかサイクリングができずに嘆いていたことがわかった。久しぶりの急激な運動で、心筋梗塞になってしまったことが予測された。

父の日には、簡単なプレゼントをもって、私が実家を訪れ、その気持ちがうれしかったことが書かれていて、じんわりと心に染みた。毎日の出来事を簡潔につづった父親の日記には、孫たちの成長を喜んでいたり、兄と口論になっていらいらしたり、父親の心の動きをかいまみれ新鮮だった。

その日記を見て、近くに住んでいるとはいえ、あまり顔を出せなかったことを後悔した。母親が不在で、雨が降り続いた日、運動できず気が沈む父を、気にかけてあげていたら……。特別なことをする必要はなく、日々の中のちょっとした気配りがうれしいのだということに、いまさらながら気づいた。せめて、残された母親を、できるかぎり気にかけていこう。

——（40代・男性）

## 突然亡くなった父を、もう少し気づかってあげていたら

父

# 最後の秋、父が欲した柿のこと

春、実家近くの大学病院から一本の電話が入った。父の病気のことで1度話がしたいとの連絡だった。すぐに姉と連絡を取り、病院へ駆けつけ、医師から詳しい病名と治る見込みは無いとの説明を受け、頭が真っ白になったのを覚えている。医者から説明を受けた余命は半年。あまりにも短い時間に姉と2人呆然としていた。病室で再会した父は強い意志を持ち病気と闘っている。母は治る見込みは無いと知らされていたのだが、そんなはずはないと現実を受け入れないでいた。その時に姉と約束したのは、父への告知はしないということだけだった。

総合病院、関連病院と何度も転院を繰り返し、闘病は続いていた。無事に暑い夏を乗り越えてくれた父の姿にホッとする気持ちと、残された時間が迫ってくる悲しさの中、父へ何か食べたい物があれば買ってくるよと言った私へ、「柿が食べたい」と。果物の中で柿が一番好きなんだと言って笑っていた。すぐに買ってくるから一口でも食べればと言う私へ父は、「果物も含め、生物は食べれないから大丈夫だ」と。「早く元気になって食べるから今は我慢するよ」と。

父にとって最後の秋。最後の柿の季節。

**なぜ、あの時、何も言わずに柿を買って食べさせてあげなかったのかと思う。**もう最後の秋なんだと思う気持ちと、来年の秋まで生きて欲しいと願う気持ちが交差して、柿を食べさせてあげる言葉が見つからないまま最後の冬を迎えていた。

正月、父の強い希望もあり半日だけの実家での時間、唐突に「干し柿なら食べれるの？」と聞く私に父はただ笑っていた。

あの時の正解は今も解らないままだ。

――（50代・男性）

## 何も言わず、柿を買って食べさせてあげればよかったのかもしれない

父

# 優しい父の厳しいひと言

いつの頃かは思い出せない。20歳前後の学生時代ではなかったろうか。

激しい言い合いの中で、

「親父ぐらいにならなら、簡単になれる！」

と言った自分。

「それは絶対にないな」

と言い切った父。

その時はムッとして、頭が混乱していたように思う。その話の前後のいきさつも覚えていない。今から50年も前の話である。


父は教育者で、その市の教育行政のトップにまでなった。私が中学校に入学した時、父は別の中学に転勤していた。学年も10クラス以上あり、その頃もかなり学校内は荒れていた。その連中からも一目置かれ、ほかの人たちからも多大の信頼と尊敬を集めていた。そして、「教育者、我が子は教育出来ず。でも自分の子供たちが万が一世間に迷惑をかけるようなことがあったら、即座に親としての責任を取り、職を辞する」とよく言っていた。子供の私に対しても人格者であり、かつ優しい父であった。

「親父ぐらいにならら……」と啖呵《たんか》を切った自分に対して「それはないな」とにべもなく返した父。なぜ、父はあのとき私にあんな言葉を言ったのだろうか？　本心からの言葉ではなかったのかもしれないし、あるいは私が受け取った以上の深い意味が込められた言葉だったのかもしれない。父となり、2人の子供が結婚した今、亡き父にもしもふたたび会うことができるのなら聞いてみたい。

**自分の思いとは別に、言ってしまったことで相手の気持ちと心に深い傷を与えてしまうことも多くあるのだと思う。**言葉の大切さ、相手を思いやる心の重要性をもう一度自分に言い聞かせたい。

――（70代・男性）

**思わず父が発したひと言。その本意を聞いてみたかった**

父

# 会社の倒産が教えてくれたこと

私の父は3度事業に失敗した後、4度目に立ち上げた建設業で成功しました。高度成長期という時代の後押しもあり、年商100億円、社員150人の企業となり、地元ではちょっとした名士でした。その2代目として育てられた私は、5年ほどの事業継承準備期間を経て、父親から会社を譲り受けました。

しかし、バブル経済が崩壊し、建設業はのきなみ苦境に陥ります。それまでは、お金を借りてくれとすり寄ってきた銀行は急に貸し渋り、デフレのあおりも受け、会社は倒産の憂き目にあいました。すべてを失い、目の前が真っ暗になりました。

会社を潰せば、いろいろな人に迷惑をかけます。そこで経営者が陥るのが、強迫観念症です。電車のプラットホームでは、後ろから誰かに押される気がして、線路際に立てなくなります。突然刺されるのではないかという恐怖や、誰かに見られている気配が常につきまとうのです。倒産から3年ほどは、それが続きました。

## かつては、見栄やプライドで、会社を大きくしたいと考えていた

小1と年長の子供がいた私は、裸一貫で再起を図ります。幸い人の縁には恵まれ、知り合いからの細々とした仕事で食いつなぎ、私を信じて投資してくれる人も現れました。今は、雇われ社長という形で、新たな事業を展開しています。お金がないことは、何でもできるチャンスなんだと思えるようになりました。

**2代目として会社を受け継いだとき、見栄やプライドに囚われ、会社の歴史や地域の目といった重圧にさいなまれていました。**銀行から借りたお金で事業を拡大し、実績を出そうと焦っていました。でも、それは経営者であれば仕方ない側面もあり、多少の後悔はあっても、当時の自分を恥じてはいません。やれることはやったし、失敗からしか学べないこともあります。今は、重圧から解放され身軽です。無借金経営を鉄則に、事業拡大も身の丈にあった範囲でしか行ないません。

経営活動は、社会情勢に大きく左右されるし、さらなる利益を追求すれば博打的な要素が出てきます。そこで成功する人もいれば、失敗する人もいます。日本は、失敗した人の再挑戦が難しく、もっと寛容な社会を願っています。失敗し、後悔を背負った人間こそ、優秀な経営者になれると、私は信じています。

——（60代・男性）

父

# 父の記憶の中の私は……

私は男３人兄弟の末っ子で、２人の兄と歳が離れていることもあり、父から猫かわいがりされて育ちました。父はジャイアンツと映画、洋楽が大好きで、車の運転が上手く、休日にはよくドライブに連れて行ってもらいました。ラテン音楽をかけながらハンドルを握る父の姿は、子供の私にはたくましく、かっこよく映ったものです。

私は大学進学を機に上京して、そのまま東京で就職。父は65歳で会社を退職しました。毎年、夏休みと正月休みに帰省していましたが、駅の改札を出て、車で迎えに来てくれた父の姿を見ると「帰ってきたな～」とほっとしたものです。しかし、あるときを境にして、駅の改札に父の姿は見られなくなりました。

父は70代半ばから物忘れがひどくなり、車を運転していても道を間違えることが増えたため、運転免許証を返納したのです。78歳の時でした。父は車を運転しなくなってから家に閉じこもりがちになり、やがて、認知症と診断されました……。帰省する

## 認知症の父に楽しい記憶を残してあげたかった

度に、父の認知症が進行しているのがわかり、会うのが本当につらかったです。認知症特有の同じ質問の繰り返しにうんざりすることも多く、会話も減り、私から父に話しかけることはなくなっていきました……。

父は82歳で亡くなりました。私は死に目には立ち会えませんでした。父の死後、書店で何気なく手にした認知症の本。そこには、**「認知症の人は直前の記憶は失われるが、感情の記憶はしっかり残っている」**と書かれていました。この一文を読んで、父の顔がすぐに思い浮かび、私は猛烈に後悔しました。認知症の父に、末っ子の私はどう映っていたのだろう？　もっともっと話しかけて、もっと一緒にドライブして、父に楽しい記憶を残してあげたかった……。

今更ではありますが、それ以来、帰省した際には、まず仏壇に手を合わせて、父に必ず近況報告をするようにしています。

——（50代・男性）

父

# 「最期を看取る」ことの大切さ

2019年9月。父親が77歳で他界した。

大手電機メーカーで主に半導体の研究開発に従事していた父は、〝高度経済成長期のサラリーマン〟そして〝研究職〟という言葉のイメージどおり、仕事第一、家では寡黙な人だった。それでも幼少の頃は休暇のたびに家族旅行に連れて行くなど、できる限りの家族サービスは欠かさない人だった。ただ、幼少期を含め、亡くなるその日まで——父との会話は、量的なことでいうと、それほど多くはなかったのだと思う。

お酒が大好きな父だった。いや、〝好き〟という嗜好的な言葉ではない。お酒を飲むために毎日を生きていた、のほうが適切か。

亡くなる1年半ほど前に原発不明癌が見つかった。主治医いわく、ただでさえ原発巣がわからない厄介な癌にもかかわらず、父のそれは、過去に症例がないほどの難解で稀有な癌だった。

抗癌剤治療を幾度か受けながらも、根本的な糸口は見つからず、担当医も為《な》す術《すべ》がなかった。父の意思と家族の総意があり、延命治療は行なわないことにサインし、父の「お酒が飲めるうちは飲み続けたい」という、たっての希望を尊重した。

最期は緩和ケア病棟で迎えた。たとえば、いつ終わるともわからない手術と治療の繰り返し。長期にわたる入院生活。あるいは、認知症の介護など……私たち家族に、そのような負担をかけることは一切なかった。安らかに、〝眠るように〟という言葉のお手本であるような、誰にも迷惑をかけることのない、本当に静かな最期だった。

亡くなる1週間ほど前。病状が悪化し、ケア医から「あと数日、長くても一週間くらい」と告げられた際の帰路で。ひとりクルマを運転しながら、それまでにも何度か思うことはあったが、そのときになって、痛切に思った。「一緒にお酒を酌み交わす時間をもっと持てばよかった」と。具体的に聞きたかったこと、話したかったことが、これといってあったわけではないけれど。**とりとめのない会話をしながら、もっと一緒にお酒を飲む時間を作ればよかった、と。**些細な、でも深い後悔の念だった。

ケア医の告知から8日後の夜23時過ぎ、父は息を引き取った。

その1時間ほど前に病室にいた母親から「看護師さんから、いよいよダメかもしれないって言われた」という電話を受け、すぐに病院へ向かった。クルマで30分ほどの距離。その日の夕方に見舞ったときは意識がはっきりしていたこともあり、いったん自宅に戻っていたのだが、その後に急変したようだった。22時40分頃に病室に着いたとき、夕方の父の姿とはあきらかに異なっていた。静かに、弱々しく息をしている姿は、素人目にも、あとわずかな命なのだろうと感じた。母は連日の看病で疲れがたまっており、同室に用意されていた仮眠ベッドで横になっていた。母に「来たよ。横になっていいよ」という合図を目で送り、私は父が眠るベッドの横に座った。父の手を握った。少し苦しそうに息をする父を見ていると、涙がこぼれた。しばらくすると、数回息をして、5秒ほど息が止まり、また息をする、という呼吸を繰り返し、息が止まる時間が5秒から10秒、10秒から15秒と長くなっていった。そして、何度目かの後。20

秒、30秒、40秒……いくら待っても息が戻らない。「お父さん、お父さん」と動揺しながら声をかける。掛け布団をはぎ、父の心臓あたりに手をやる。動いているのか？よくわからない。横になっている母に声をかける。「お父さん、息してないみたい」。父の胸を軽く叩きながら「お父さん、お父さん」と声をかける。息は戻らない。母は「えっ、えっ」と小さな声を出し、呆然とした様子で父と私を見ている。私は病室を出て看護師のいる受付へ。「父が息をしてないみたいなんです」。看護師を連れて病室に戻る。看護師は父の脈に手をあて、父の鼻元に耳をあて、父の寝姿をじっくりと俯瞰で見た後、言った。「そうですね、息、してないですね……」。母と私は、互いに目を合わせ、不思議と安堵に近いような、深いため息をついた。

その後の、葬儀、納骨、いろいろなこと。亡くなる1週間ほど前に感じた、深い後悔の念。完全に消えたわけではないけれど、清々しいほどに、薄れていた。**その理由は、あきらかだった。「最期を看取ることができた」からである。**父の手を握りながら、父の最期の姿を目に焼きつけることができたからである。天国の父から「本当ならもっと一緒に酒を飲みたかったぞ」と言われるかもしれないが、「それは許してよ」と笑って言い返せるくらいの、一方的な、でも、そう思えるくらいの、強い気持ちを芽生えさせてくれたのである。

現実的には、物理的に難しいことや、結果的に立ち会えない局面が、おそらく多いのだと思う。が、「最期を看取る」ことさえできれば、「聞けばよかった」「話せばよかった」「やってあげればよかった」……等々の無数に溢れ出る後悔の念を、少しは薄めてくれるのではないか――経験者は、そう思う。

なぜなら――2019年の年末。11年飼っていた愛犬＝チクワが旅立った。急だったこともあり、最期を看取ることができなかった。

犬に聞く術はなかったけれど。「うちに来て、うちで飼われて、果たして幸せだったのだろうか?」と。チクワに対する後悔の念は、じつのところ、父に対するその気持ちより、はるかに大きく残っている。

――――――――（40代・男性）

## もっと一緒にお酒を飲めばよかった。でも最期を看取れてよかった

父

# 祖父と、父と

僕が大学に入学した年の初冬に祖父が83歳で亡くなりました。1ヵ月ほど前に祖父が検査入院したことは聞いていましたが、突然大学の学生会館宛てに母から電話があり、祖父が危篤に陥ったので直ぐに会いに来て欲しいと言われ、良く事態を飲み込めないまま帰省しました。深夜病院に着き病室に飛び込むと、祖父は酸素マスクを付けた状態でベッドに寝ていました。「じいちゃん、タカフミが帰ってきたばい」と父が祖父の耳元で何度か言うと、まるで僕が着くまで頑張って待っていてくれたかのように、そのまま静かにゆっくりと祖父は息を引き取りました。

僕が初孫だったこともあり、祖父は僕をとても可愛がってくれました。自宅で小さな保険代理店を営んでいた祖父は、お客様との契約や保険料の受取りなどに出向く際、いつも小さかった私を車に乗せて連れて行き、仕事が終わると、決まった喫茶店で祖父はコーヒーを飲み、私にはミックスジュースを飲ませてくれました。

僕が今家族と住んでいる自宅から10分ほど歩いた場所で、若かった祖父も家族を作り、働き、父もそこで生まれ、東京大空襲で焼け出されたことから、九州に戻ってきたようです。最初は菩提寺のご好意で納戸に住まわせて貰い、何とか生きていけるだけだったようですが、そこから少しずつ始めて、自宅で小さな保険代理店を興し、亡くなる年まで仕事をしていました。現在僕も自営業で生計を立て、お客様の人生に何かあった時に初めて提供したサービスの意義を感じていただけるという保険と同じような仕事をしていることもあり、**今になって、東京でのこと、九州に帰ってからのこと、自営業という仕事、お客様との関わりなどについて、もっと祖父から聞いておけばよかったと思わずにはいられません。**自宅で仕事をしている祖父、お客様とやり取りしている祖父の姿をたくさん見ていた筈なのに、今では思い出すことが出来ません。僕が高校に入ってからは、東京の大学に進むことに反対していた祖父とは全く口をきかず、話もしなくなりましたので、大学が決まり実家を出た日も、祖父と言葉を交わしたかすらも覚えていません。

今年に入って父が身体の調子が悪いと言って病院を受診し、そのまま入院しました。検査の結果、膵頭部がんが発見され、その大きさから手術出来るかどうか、長時間の手術に耐えられる体力があるかどうか微妙だということで、父本人も僕達家族も治療方針を決めかねています。父が入院して直ぐの週末に僕は帰省し、父を見舞いました。祖父がなくなった時、父は勤めていた保険会社を中途退職し、そのまま祖父の保険代理店を継ぎ、79歳となって昨年辞めるまで頑張ってきました。僕は父の病室に入ってから、僕の妻や娘、家族の話、僕の仕事の話は出来ても、父から聞きたい話、父に聞いておくべき話に触れることすら出来ませんでした。祖父から聞いておきたかったこともすでに知っているのは父だけで、父自身についても聞いていないことはたくさんあるのに、言葉にする勇気すら出ませんでした。

**今年の桜が咲く頃、紫陽花が雨に濡れる頃、それとも蝉が鳴く頃までに、父から聞きたいことを聞くことが出来るのか。**今は想像も出来ませんが、聞くことが出来ても、出来なくても、それが一番良い選択だったと自分で納得出来るのであれば、そして、父が聞きたいと思う話を精一杯してあげることが出来ればと思っています。

――（40代・男性）

## 祖父から聞いておきたかったこと、父に聞いていないことがたくさんある

父

# 稼業のホテルを父から継がなかった理由

私は九州のとある温泉地で育った。稼業は、祖父が創業した街一番の規模のホテルで、幼いころから跡取りとして期待された。街を歩けば知らない人がいない小さな街を窮屈に感じていた私は、東京の大学に進学し、そのまま就職活動をした。

職種にこだわりはなく、最初に内定をくれたメガバンクに就職した。30歳目前の頃、当時の年収の数倍の金額でヘッドハンティングされた。行員なら支店長にでもならないと届かない金額に目がくらみ転職。アパレルから不動産まで幅広く手掛ける会社で、華やかな外見とは裏腹に業務は理不尽過酷、4ヵ月ほどで退社し無職に。若気の至りながらお金だけの仕事選びは良くない、という教訓を得た。

実家のホテルは、祖父が亡くなって長らく相続問題でもめていたが決着がついた。労働組合との関係が深刻化し、業績も低迷し建て直しが必要で、経営陣から戻って来いと連絡を受けた。新婚3年目で無職の私は、生きるためと割り切り実家に戻った。

副社長として、銀行での経験を活かし、経営改善の提案を父親にしたが、聞き入れてもらえなかった。8年が経ち、いよいよ過剰債務に押しつぶされそうになった。銀行への元本返済猶予や金利の減免など経営再建の交渉は、私が受け持っていたが、銀行から提示された条件は、「社長の父をはずし、私が社長となる」ことだった。

**いざ事業継承に直面し、私はホテル経営というサービス業を、人生をかけて取り組むイメージが持てなかった。**家業を自分の天職と思い込んでいた節もあった。倒産で借金が出来るからといって、人生を縛られたくない。考えた末、私は経営から身を引く決断をした。稼業を継げば、別の人生があったのかもしれないが、後悔はなかった。

最終的に、100億円を超える負債を抱えて民事再生法の適用を申請した。ホテルには、大手金融会社の資本が入り、事業は存続し従業員の雇用は守られた。連帯保証人の私には40億円の連帯保証債務が残った。莫大な借金は背負ったが、心の重荷は軽くなっていた。父親は間もなく破産手続きをしたが、私は、何の役にも立たなかった弁護士の指示に従い、「楽になるから」という理由で、父親と同じ道をたどり自己破産をするのには納得いかなかった。意地でも破産はしないと心に決め、前を向いた。

借金の回収は通常、次のようなしくみで行われる。銀行は、回収できない債権をまとめて、債権回収会社（サービサー）に破格の値段で譲渡する。サービサーでは、その中のいくつかから回収して利益を出し、残りの債権を別のサービサーに叩き売る。それが繰り返されるため、サービサーへの返済額は交渉次第となる。実は借金の返済は100臆円でも1億円でも大差はなくなるのだ。

**「逃げも隠れもしない」と、私は何社ものサービサーと、自己破産を切り札に交渉した。**二度と会いたくない人もいたが、中には話せる人もいて仲良くなり、ホテルの覆面調査や評価レポートの仕事を依頼されたこともあった。個人的なつながりで、踏み倒せない借金もいくつかあった。数年かけて総額で二千万円程度を支払い、私は自己破産せず今に至る。この経験は大いに、その後の人生に活かされている。

私は今、中小の経営問題を抱える企業、特にホテルや旅館の企業再生のコンサルタントをしている。不況になる度に、ホテル・旅館の経営者が追い込まれ、まれに自殺にまでも追い込まれる状況を変えたい。そんな使命感を持ち、これが天職と感じながら、日々仕事に取り組んでいる。どんなに借金を背負っても、決して死ぬ必要はない。この世のことはこの世でしか解決しないのだから。――――（60代・男性）

稼業のホテルを継がなかったことで、人の手に渡ったが、後悔はない

父

# 教師だった父に聞きたかった質問

私の父は国語の高校教師でした。父の影響からか、私は子どもの頃から本が好きだったのですが、児童書などには目もくれず、父の本棚にあった中国文学の本を夢中になって読んだものです。西遊記、三国志、水滸伝……読んだ後に父と感想を話し合えるのがとても楽しかったのを覚えています。小学校4年生で三国志を読んでいる友人はおらず、父は私の友人代わりに話し相手となってくれたのでした。

私は父が50歳のときに生まれた、遅い子どもでした。一人っ子だったので、なおさら父にも母にも大切にされていたのです。父は教育者だったので、私が学校でどんな教育を受けているか、とりわけ国語の授業では何を勉強しているのかを気にしていました。週に一度は父が手作りした国語のドリルを解き、その解説授業を受けていたものです。おかげで学校の漢字テストは100点満点以外を取ったことがありませんでした。尊敬語や丁寧語も父お手製のドリルで叩き込まれました。

大学生に進学したとき、私はすでにひとり暮らしを始めていたのですが、父と渋谷や新宿のレストランで待ち合わせをして、2人で最近の出来事を報告し合うのが月に1度の恒例行事でした。母は「お父さんはいつもおしゃれして、いそいそと出かけていくのよ」と話していました。

父が亡くなったのは、私が24歳のときです。就職して1ヵ月のときに父のがんが判り、そこから約1年の闘病生活でした。就職1年目だった私は自分のことで手一杯で、がんを患っていた父の話を聞けなかったことを悔やんだものです。最後の数日間は病室で一緒に過ごせたものの、薬によるせん妄があり、意識がはっきりしている時間が少なかったからです。そして、最後に父に聞きたかった1つの質問があります。それは、**「私はお父さんにとって、いい生徒でしたか？」**ということ。

父は私の進路に口出ししたことは一切なかったのですが、私が就職活動をするときに「出版関係に進みたい」と話すと、「お前、それは大変だよ……」と口ごもったのを覚えています。出版社は倍率が凄まじく、また入社した後にものすごく長時間労働を強いられると、自分の卒業生から聞いていたためです。就職したあと、私が「今日は終電だった」とか「会社の上司は頭が古い」というような報告をするたびに、心配していたようでした。上司に向かって「それはおかしいです」と面と向かって言ってしまうような娘を残していくのは、それはそれは心配だったのではないでしょうか。こんなに心配をかけるようでは、私は到底いい生徒とは言えないように思えて、父の最期のときも怖くてとても聞けなかったのです。

**人は亡くなると「中陰」というところに留まり、魂の行き先が決まってから成仏するのだそうです。**私は父がまだ中陰にいるような気がして仕方がありません。私のことを心配して、まだ近くから見てくれているような気がして……。「私はお父さんにとって、いい生徒でしたか?」という質問ができるようになったとき、父は安心した顔をして中陰から去っていくのかもしれません。

——(30代・女性)

「私はお父さんにとって、いい生徒でしたか?」と聞けばよかった

両親

# 両親に愛情を伝えられなかった

私は小学校で図工専科教員として働き、定年を迎えた後は、地域活動に参加してきました。昭和11（1936）年生まれで、現在84歳になります。

つい先日、認知症の夫が、急に運動能力・生活能力が低下し、慌ててデイサービスなどの手配をすることになりました。その後、私も体調が悪くなって、検査をしたところ、腎臓に異常があることがわかりました。胸や背中が痛み、夜だけは痛み止めで抑えていますが、心が落ち着きません。そんな状態の中、私の人生を振り返り、後悔していることと言えば、それは両親や祖母にまつわることです。

家族の中でもっとも身近だったのは祖母でした。私の祖母は、明治13（1880）年生まれで、当時の女子は小学2年までで辞めてしまう中で4年生まで行きました。そのおかげで、男の子によくいじめられたそうです。その後、「お針の修行をして、絹物でもなんでも仕立てることができるようになった」と言いました。そんな話をよくしたので、「もう聞き飽きた」と言う感じで、私はうそぶいていました。

両親には、祖母に対するようには、心を開けなかった気がします。父は明治35（1902）年生まれで、4兄妹の末っ子の私に手品などをして喜ばせてくれる愛嬌のある人でした。母は昭和40（1907）年生まれで、とにかくまじめ人間で、大笑いしたのを一度たりとも見たことがありませんでした。唯一、父が旅行で留守の時だけ、両親の部屋で母と寝るのが楽しみでした。「結婚式で、どの人が自分の夫になる人か判らなかった」と母はよく言っていました。父と母は初対面で結婚したのですが、それが当たり前の時代でした。

戦中・戦後の貧しい生活でしたが、美術大学に進学させてもらうなど、やりたいことをやらせてもらいました。しかし、両親への感謝は持ちながらも、**私はいつも自分の世界だけで行動し、気持ちをはっきり伝えませんでした。**せいぜい、「親が恥ずかしく思うようなことは一つもしていないからね」と言ったくらいなものです。

私自身を大きく揺るがす出来事がありました。2011年に発生した東日本大震災です。私は震災後、岩手県の陸前高田や大船渡に行きました。津波による被害が特に大きかった地域です。私がそこで出来たことは、家を失い、家族を失った仮設住宅の方々と接して、お話を聞くことぐらいでした。そして、多くの方が津波で写真を流され、自分の写真も持っていないことを知り、ハガキに似顔絵を描いてお送りする活動をしました。そんな交流の中で、被災した方々が抱く、亡くした家族や友人への悲しみの深さや、家族とともにいられることの喜びの大きさに、心打たれたのでした。

**そんな学びを通して、両親に対して、感謝の気持ちや深い愛情をしっかり伝えるべきだったと思うようになりました。**同時に、祖母や両親から、私が会うことのなかった祖先や、私が小さくて記憶のないエピソードも含めて、自分の個性がどのようにして出来たのかという話をもっと聞いておきたかった。何気ない話が、家族の愛情を感じる宝物になるからです。その反省から、自分の2人の息子には、毎年それぞれの誕生日に、私が感じていることをしっかり伝えるようにしています。　―（80代・女性）

## 祖母や両親に、自分の個性がどのように出来たのか聞いてみたかった

# 家族・親戚

生命

# 44歳の誕生日に

その年の誕生日は最悪だった。朝から動悸が治まらず、昼には人目を憚らず道を歩きながら泣き、夜には嗚咽を繰り返した。

不妊治療。私たち夫婦は迷路に入り込んだ。34歳での婚約と同時に子宮筋腫がみつかり、妊娠しづらいことが発覚した。それから10年間、体外受精は5回、タイミング、人工授精を合わせると何回トライしたか、わからないほどだ。子宮筋腫と卵管の切除手術も受けた。それでも、私は子どもを生むことができなかった。

でも、何度か生命が宿ってくれたことがあった。初めてお腹の中に生命がいると分かった時はとても嬉しかった。「一緒にがんばろうね」と声をかけながら日々を過ごした。でも、その時間は長くは続かず、涙とはこんなに流せるものなのだと知った。

そんな私を夫は、毎回「一緒にがんばろう、大丈夫」と言って、抱きしめてくれた。

最後と決めていた、体外受精の妊娠判定が出たのは、44歳の誕生日。よりによって、誕生日に結果が出るなんてと思いながら良い結果だけを信じていた。

その日は、雨模様。ぽつぽつと歩きながら病院へ向かった。「一緒にがんばろうね」とお腹をさすりながら、話しかけていた。

「残念ながら陰性でした」。

主治医は、いつもと同じトーンで話してくれた。

「そうですか」。

診察室では、涙は出なかった。部屋を出て、夫にメッセージを送ると、すぐに電話がかかってきた。「ああ、この人も待っていてくれたんだ。私はもう、この人の子どもを生むことができないんだ」と思うととめどなく涙があふれた。

その日から数日間、私は無意識にお腹をさすっていた。「一緒にがんばろうね」と伝える相手は、もうそこにはいないのに。

10年間を振り返って思うのは、「もっと早く向き合えばよかった、違う選択をしていればよかった」という後悔ばかり。「潔く諦めました！」なんて、絶対に言えない。でも、少しずつでも受け入れていかなければいけないのもわかっている。時には、心に嘘をつきながらでも、進まないといけない。**ただ、ありがたいことに、私には隣で笑ってくれる夫がいる。**この人と一緒にがんばっていこう。それならば、今、心から思える。

——（40代・女性）

## もっと早く向き合えばよかった。ただ、私には隣で笑ってくれる夫がいる

恋人

# 婚約者だった彼女のこと

20年近く前、僕は婚約者を突然の事故で失った。

親の意見に惑わされ、僕は、彼女との結婚の決断を数年も延ばしていたが、海外赴任の可能性が出てきたので、さすがにけじめをつけなければと思い、両家に挨拶に行くことを決めた。双方とも同じ地方の出身だったので、挨拶のために帰省したが、その時に僕らの車が飲酒運転の車両に追突され、彼女は一瞬にして、この世からいなくなってしまった。

彼女は、子供のときからの経験からなのか、もって生まれた性格なのか、とても芯が強かった。「いったん決めたことだから、気持ちは変わらないよ。ここで折れるのもなんだか悔しいし」と、僕との結婚についても、ぶれる様子は無かった。

自立した彼女と優柔不断な自分、そんな中で彼女を失ってしまい、僕は、結婚までに何年も無駄な時間を費やしてしまった、その間ずっと気苦労をかけてしまった、ウェディングドレスも着せてあげることができなかった、などとひたすら自分を呪った。女性にとっては特別なイベントであろう結婚式についても、どんな式を挙げたかったのか、その希望も聞くことができなかった。彼女が行きたいとよく口にした海外旅行も、彼女が天に召される前の月に行った1回きりだった。

何年かは、こうした出来なかったことが、朝目が覚めた時、通勤途中、休日などに、次から次へと頭に浮かんできて、心と頭が混乱し、大声を上げたくなった。

さらに時間が経って、自分の気持ちが幾分落ち着いてくると、こんどは彼女と過ごした何気ない時間が異様に懐かしく、寂しくなった。

当時の僕は給与も低く、彼女と過ごす休日といっても、近所を散歩したり、疲れて公園のベンチで休んだり、レンタルビデオ店に立ち寄り、借りてきた映画を家で観るくらいであった。せいぜいの贅沢といえば、散歩の途中に、喫茶店でケーキや冷たい飲み物を楽しんで、他愛ない会話をするくらいだった。

また、僕が天日干しの蒲団に入る瞬間が何よりの幸せだと言ったことから、彼女は、よくベランダに蒲団を担ぎ出してくれた。

彼女を失うまで、そんな日常はごく当たり前のものと僕は思っていた。むしろ変化

## 何気ない時間をもっと味わえば良かった

のない時間の繰り返しで、食傷気味にもなっていた。**一人きりになって、はじめて、日常の時間や風景がどれほどかけがえのない大切なものなのかに気づいた。**

何かをできなかった後悔よりも、彼女との一瞬一瞬の時間を噛みしめることなく、無意識に過ごしたことの方が、悔やみきれなかった。何気ない時間に、もっと意識を向けていれば、彼女に対してとる態度や、口から出る言葉も、もっと違ったものになっていたに違いない。そのことで、彼女の人生や時間が、豊かになったかもしれない。

日常の小さなことへの感謝が大切だとは、当時の自分も知識としては知っていた。たとえば、お寺の入り口でそうした言葉を目にしたり、本などにも書かれていた。しかし、その意味する重さを知らず、向き合う姿勢もまったくなっていなかった。

あれから、さらに長い時間が経ち、辛い経験をした分、日々の時間を味わい尽くしているかと自問すれば、自信を持った答えができない。もうこの世に居ない彼女の分まで人生の時間を噛みしめなければいけないという責任感のようなものを忘れないようにと時折手帳に記し、見返している。

——（50代・男性）

伴侶

# 積み重なった〝小さなありがとう〟

私が日常で心がけているのは、どんなに小さなことでも、何かをしてもらったときには、「ありがとう」と口に出して伝えることです。そのきっかけをくれたのは、昔のパートナーでした。

一緒に暮らすようになって、私を無条件で受け入れてくれるその人は、いつしか空気のような存在になり、なんとなくずっと一緒にいるんだろうな……、と思っていました。でも……、7年目に入った頃、大きな病気が発覚。余命1ヵ月と宣告されて、あっという間に帰らぬ人になってしまいました。

時を経て思い出すのは、旅行に行ったことやプレゼントをもらったこと、何かをしてくれたことより、**日々の暮らしの中でその人がポソッとつぶやく〝小さなありがとう〟**でした。

「ご飯、ありがとね」、「洗い物、ありがとね」、「メール、ありがとね」……。あまりに自然で、当たり前のように受け取っていたけれど、さりげないその一言で気持ちが穏やかになったり、がんばろう！と思ったり。今振り返ると、小さく積み重なった「ありがとう」は尊いものになっていました。

私自身は言えていたのだろうか……、ふと、思い返してみましたが、その人からもらった何十分の一も返せていなかったのではないかと、残念な自分に気づきました。いっぱい、いっぱい、「ありがとう」と伝えられるシーンはあったのに……。

当たり前に感じていることが、決して当たり前ではなく、そこには人がいて気持ちがある。感謝の気持ちを忘れないことはもちろんですが、口に出して相手に伝えることで、一瞬だけれど笑顔が生まれたり、温かい気持ちになったり。気をぬくと見逃してしまいそうなことにも目を向けられるようになると、なんでもない日常が豊かになる。**〝小さなありがとう〟って案外すごいんです。**

人との出会いは一期一会。〝小さなありがとう〟が散りばめられています。

（40代・女性）

彼からもらった「ありがとう」、何十分の一も返せていなかったのではないか

妻

# あなたのおかげでいい人生だったよ

「ありがとう……。本棚にノートがあるよ」

と言って安心したように静かな息を一つして、あなたは60年の人生を終えました。

リビングの本棚には「いい人生だった」と題された手書きのノートが私たちの愛読書と混じって置かれていました。自分自身の生きて来た人生、子育て、仕事、ガンと宣告されて闘病と向き合う心の葛藤、周りの人や家族への感謝などがあなたらしい言葉で綴られていました。それら一つ一つがあなたの人生への真摯な向き合い方で、あなたと共に生きて来た私にはその気持ちが痛いほどわかる一言一言です。そして、「ありがとう。お陰でとても幸せな充実した人生が送れました。感謝!感謝!」

という言葉でノートは締めくくられていました。

自分自身は死に行くことを悟っているのに、いやそういう状況だからこそ、自分がこの世に生きた証を残すために、自分が生きた本当の「生」に気づきこのノートを書き綴ったのでしょう。ノートに書かれた言葉の一つ一つから、死んでもなお生きている他者の生を支えようとし、生き残る者へ生きるための根源的なエネルギーを発しようとする強い意志が、残された私達の心の中でいつまでも温もりのあるエネルギーの源として生き続けるのです。**私はこの世に残されたものとして、死に行く者から暖かい「生」への励ましと強いエネルギーを貰うことになったのです。**この手記を読んでいると、体の芯から不思議な力が湧いてくるのを感じ、逝ってしまったあなたから私への最期のそして力強い励ましを感じました。

人間の死は肉体が終わることによって終了するのではなく、残された者たちに大きな暖かいエネルギーを送り「生」への励ましとなり続けることになるのですね。

二人で闘う長い闘病の毎日にはもちろんつらい日々もあったけれど嬉しい出来事もあったよね。そういう闘病の中で、私からあなたへこれまでの人生を共に作って来た感謝の気持ちを、直接言葉に出して伝えればよかったよね。そばにいて一緒に闘病す

ることで私が今まであなたと歩んできた人生に、
「あなたが一緒だったから歩めたいい人生だったんだよ」
ということをあなたに伝えればよかったよ。余りにも近くにいて、病と闘っているせいで、何も言わなくても私の気持ちはわかっていると思っていたんだよ。しかし、私の思いをあなたに伝えることで、あなたはもっと安心して、もっと確信をもって、もっと暖かく人生の最晩年を過ごせたかもしれなかったんだね。あなたが居なくなってからの人生を生きる勇気を、あなたのノートから私がもらったように、私も思っている感謝を言葉で発することができたんだね。

今日（執筆日）は、あなたの13回目の命日です。

——（70代・男性）

## 「あなたが一緒だったから良い人生だった」と伝えればよかった

妻

# 思わぬ妻との離婚について

同じ職場だった妻と恋愛結婚し、2人の女児に恵まれた。妻のかねてからの意向もあって、妻の両親と同居を始めた。妻の父親は、元役所のお偉いさんで、何かというと自分のルールで物事を進めたがる。同居するのだから、それぐらいは仕方ないと、基本的に義父をたてるようにし、それで数年は上手くいっていた。

下の子が4歳になったときのことだ。子供の洋服が少し濡れてしまったが、すぐにお風呂に入れるからと、そのままにしておいた。すると、それに気づいた義父が、「なんで濡れたままなんだ。お前も少しは娘のことをしてやれ」と怒鳴った。普段なら私も受け流したが、転職したばかりでストレスを抱えていたことや、これまで溜め込んでいた鬱憤が爆発して、つい言い返してしまった。

「いつも何もしない、あんたに言われたくないよ。すぐにお風呂に入れようと思っていたんだから、ちょっとくらいいいだろう」。その一言がきっかけで、義父とは完全に険悪な関係になってしまった。

**翌朝、私は仕事に出たきり、家に戻らなかった。気が収まらないので、数日、憂さを晴らしてから戻ろうと思ったのだ。**妻とはメールで連絡をとっていた。最初は「父がごめんね、でも、あなたも悪いところはあるよ。早く帰ってきてね」という内容だったのが、翌日には、「父親とは、もう上手くやっていけないだろうから、もう帰ってこなくていい」という内容に変わっていた。急に雲行きがおかしくなった。

結局家に帰れなくなり、半年間、復縁を試みたが、妻の意思は変わらず、ついには離婚することになった。月1回の娘たちとの面会交流では「パパ、お仕事の関係で、一緒に住めないんでしょ。いつ帰って来るの?」と言われ、胸が張り裂けそうだった。離婚した事実を話せたのは、数年が経過した、つい最近のことだ。

今、私は、新しいパートナーと歩み始めようとしている。娘は、上は中学2年生、下は小学6年生になった。多感な年頃なだけに、再婚のこともすぐには言いだせない。

（40代・男性）

## 離婚によって、子供たちにさみしい想いをさせてしまった

妻

# 妻と過ごした最期のとき

私は、会社勤め4年目の26歳の時に結婚しました。その直後に生まれ育った東京を離れ、39歳の時に戻りました。

40歳を過ぎてからは毎年人間ドックに夫婦揃って受診。にもかかわらず、49歳の時に妻が卵巣癌を発症しました。人間ドックでの腹部エコー検査で異常が見つかり癌研で精密検査。その時にはステージ4。癌の進行度合いからしたら、前年に見つかっていてもおかしくはありませんでした。エコーの読み取り技術というのは名人芸的なところもあり、責めてどうにかなるものでもない、と最初から割り切りました。お互い相当なショックでした。癌については、本当に勉強しました。その上で話し合って治療方針は決めました。妻には言いませんでしたが、わかった時に即・最悪を覚悟。子供がいなかったこともあり、金銭は度外視して「やれるだけの事はやろう」、それと「最後は会社を休んで共に過ごそう」ということだけは最初に決めました。桜の花が好きだったので、桜の季節を来年は見られないかも、と枝先きを折って桜の花を病室に持って行き、自宅療養で退院して戻る時に満開の桜並木の通りを選んで車を走らせたことを今でも覚えています。

2度手術はしたものの、結局転移もあり、癌が見つかって約2年で他界。51歳10ヵ月の生涯でした。

最期は本人が楽なようにと考えてホスピスで2ヵ月を過ごしました。ホスピスは個室なので、この間私の方は会社を休職してほぼ泊まり込みの毎日でした。二人だけの随分濃厚な時間が過ごせたとは思います。お互い一体感を持って話もでき、妻に言わせればこんなに身近に感じられたことがない、というくらいでした。この間、周りは死と向かい合って暮らす人たちばかり。ホスピス専任のお医者さん、あるいは婦長さんとよく話をしました。この時得た教訓が二つあります。

**一つが、「死に様」というのは、まさにその人の「生き様」そのものということ**。死と向かい合った時はごまかしが効かないので、過去どう過ごしてきたか、がそのまま出るのです。**もう一つ、やろうと思ったことができるのは、その時しかないということ**。物事いつでもできると思うのは間違い。先送りすることはそれ以来やめました。

結果、行動が早くなります。

死に際は綺麗でした。ベッドに座りスーッと消えるように息を引き取り、本当に何も無くなった、というのが印象です。できる限りの事はやったと思っていますので、悔いはありません。「死後の世界があるなら、何か信号送ってよ」と言っていたのですが、その後特にありません。死後の世界について云々する人も多いのですが、死んだ後の事はその時わかるので、別に放っておけば、と思っています。

葬儀は、仏式の仰々しいやり方は私も本人も嫌だったので、神式にしました。この時神主さんが祝詞をあげるので本人のことがわかるものを書いて欲しいと言われ、ベースとなる年表を作りました。その人がどういう人だったかということは、その人のやってきたことの積み重ね、言い換えると年表に落とそうとすると行動履歴しか書けない、ということがこの時わかりました。その時、同時に自分の年表も作り、結果ですが10年単位での自分のテーマが見えました。そして、時間軸を外せば、人間の可能性は思った以上にあるのかはしれませんが、限られた時間でやれることは役割を全うするだけ、その役割は好むと好まざるとに関わらず、降ってくるものです。もともと自分というものがあると思うのが錯覚とも思えます。

振り返ると、人は際限なく過去の思い出にのめり込んでいってしまうものです。生活の周りにあるものには、すべて過去の記憶が結びついていています。そして思い出には様々な感情がまとわりついていています。亡くなってすぐに車も買い替え、環境も変えました。それでも自然と涙は流れるものです。仕事があって外に出ていることが多いのは救いです。そして、過去は振り返らないことに決めました。今、できる限りのことをやるだけ。結果どうなるかも実はわからない。それがわかった上で、今に全力投球以外、実は選択の余地はない。これは覚悟です。　　――（70代・男性）

## やるだけのことはやり切ったので、悔いはないが、それでも涙は流れる

子供

# 働きながら5人の子供を育てて

私には5人の子供がいる。25歳長女、21歳次女、19歳三女、17歳長男、13歳次男、上3人が女で下2人が男だ。ケンカをしたときには、心情として下の子を守りたくなってしまうが、あえて上の子を守るようにしてきた。姉弟が多いと、どうしても下の子をかまいがちで、上の子に寂しさを感じさせてしまうことが多いからだ。

うちは夫婦共働きで、私が産休をとりながら、できるだけ親からの助けは借りずに子育てをしてきた。「5人もの子供を、働きながら育てられるなんてすごいね」とよく言われる。しかし振り返ってみると、子どもが2人になったときが大変さのピークで、それ以降はさして変わらないというのが印象だ。子育てにも慣れて手の抜きどころがわかってくるし、上の子は順々に成長して手がかからなくなっていき、時には手伝ってくれることもあるからだろう。

三女が高校生だったとき、こんな言葉をかけられてハッとした。

「小学生の頃、朝家を出るときは、お母さんにお見送りしてほしかったなぁ」

仕事優先になってしまって、子ども達に寂しい想いをさせていたことに気づかされた。朝先に家を出てしまうだけでなく、運動会などの行事にもどうしても参加できないことも多かった。

それもこれも、私が勇気をもって決断できなかったためだ。職場は子育てに比較的理解があるので、申請をすれば休みはとれただろう。私が出る必要のない会議をパスし、半休にしても全く問題ないケースも多々あったと思う。産休が開けて仕事に復帰し、これ以上職場に迷惑はかけられないと、自分自身で規制をかけていた。もっといえば**「子育ても、仕事も完璧にこなす、良き女性像」という枠にしばられていたのだ。何が一番大事なのか心の声に耳を傾けて行動するべきだった。**

子供が成長するのは、あっという間だ。今まさに子育てをしている人は、そのかけがえのない時間を大切にしてほしい。

――――（50代・女性）

成長していく子供たちとの時間をもっと持ちたかった

息子

# 息子の12年の人生

私には3人の子供がいますが、末っ子の次男Hくんは、先天的な心疾患がありました。右心房と右心室の間にある弁が機能していなかったのです。出産後、呼吸が上手くできずチアノーゼ症状が出たため、抱くこともできないままに新生児集中治療室へ。数週間後に退院し、ようやくこの腕に抱くことができました。

その心疾患の影響でお腹が張ってしまうなど、多少不格好なところはありましたが、Hくんは元気に成長していきました。家から小学校までの3㎞の道のりは体力的につらいため、車による送迎が許可されていました。しかし、「友達に車で通うところを見られたくない」とHくんが言うので、通学路の途中まで車で送って、帰りも途中まで迎えに行っていました。友達と一緒に帰って来たときは、子どもたちをまとめて車で運び、ワイワイとにぎやかな車中。Hくんは性格はとにかく明るく愛嬌があり、友達も多く人気者でした。

小学校6年生の夏休み、体も十分に成長したので、心臓の手術を行なうこととなりました。手術が成功すれば、心臓は正常に機能するはずでした。医師も、手術は「まず大丈夫でしょう」とお墨付きでした。学校の宿題も、入院する前に、前倒しですべて終わらせておきました。Hくんは退院後に友達のAくんと遊ぶ約束をしており、それを心待ちにしながら、手術に臨みました。

手術は無事成功しました。ところが、本来、除去するはずのワイヤーを体内に残してしまい、それが骨に食い込んでいることが発覚。すぐに再手術をすることとなり、なんとかワイヤーを取り除くことに成功しました。

ところが、1回目の手術と2回目の手術の間隔が短く、投与する麻酔の総量が多すぎて、Hくんの眠りが覚めなかったのです。**手術の成功の報告で安心したのも束の間、どん底に突き落とされました。まさかの医療ミスで、Hくんは帰らぬ人となったです。**医師は「大丈夫」と言ったのに……、手術は何が起こるかわかりません。

その後、不思議な出来事がありました。退院後、遊ぶ約束をしていたAくんの家のおじいちゃんが、Hくんが遊びに来たのを見たというのです。Hくんはすでに亡くなっていたので、ありえないことでした。Aくんのおじいちゃんが、Hくんを目撃した時間は、HくんとAくんが遊ぶ約束をしていた時間とぴったり一致したのです。

それを聞き、Hくんは自分が死んだことにも気づいていないのでは、という想いに囚われました。夢にも何度も出て来たので、魂はその辺にいるのではないかとも思いました。死を受け入れられなかった私は、精神的にも不安定になり、長女と長男にも迷惑をかけました。病院を訴えることもできたかもしれませんが、「小さな頃から、お世話になってきたので、それは止めよう」という主人の意向でさし控えました。

Hくんの通夜・葬式、そして一周忌には、多くの友達や先生が来てくれました。そのうえ七回忌、十三回忌、十七回忌、二十三回忌にも忘れず来てくれたのです。小学生の友達は、歩きだったのが、自転車になり、車になり、大人になりました。若かった先生も、今では校長先生です。Hくんは、今も多くの人の心に宿っているのです。

Hくんが亡くなって25年、四半世紀が過ぎました。生きていれば、37歳の大人です。でも、人生は生きた年月の長さではない。多くの人に愛されたHくんは、幸せな人生だったと受け入れられるようになりました。法要も、二十三回忌で最後にし、後は家族だけにさせてもらおうと思います。

――（70代・女性）

## 息子の突然の死を受け入れられず、家族にも迷惑をかけた

息子

# 幼少期の息子

「散歩してくるから、留守番頼むぞ」。出掛けに愚息の部屋に向けて、ドア越しに声を掛けたが、微かに聞き取れる「あぁ」という返事が唯一の生体反応だった。

雲一つない冬の晴天。夕陽を背にした富士山を眺めようと、近くの河川敷に数キロの散歩に出掛けた。河川敷には、たくさんの少年野球チームが様々なユニフォームで練習していた。愚息が小学生の頃、自分と愚息も揃いのユニフォームを着て、同じ河川敷グランドで泥まみれになるまで、練習をしていたのを思い出す。僅か六年前。もう、数十年も昔の話のような気がする。

幼稚園から小学校に掛けての愚息は、それはそれは可愛かった。こんなに可愛い生き物が、「本当にこの世に存在するんだ」とさえ思った。どこに行っても、少しでも親の姿が視界に消えると半ベソになり、風呂は一緒に入るものであり、その日、小学校で起きた面白い話を延々と聞かせてくれ、無防備な寝顔は天使そのものだった。

## 「幼い天使」と一緒に、もっといろいろな体験をすればよかった

ある時、気が付いたら、「幼い天使」は姿を消し、そこには、ニキビ面した一人の「青年」がいた。外を歩けば親とは距離を開け、会話の返事は単語しか返ってこず、一緒に風呂に入るなど論外といった感じだった。

「しまった……」いつかは必ず来ると知っていた、幼子《おさなご》に自我が芽生えて、青年になる瞬間が、こんなにも突然で、当たり前だが、何の予告や前触れもなく訪れていたことに愕然《がくぜん》とした。父親としては、むしろ、ここまで大過なく育ってくれたことに感謝すべきですらあるのだろう。それは分かってる。だが、しかし。**もう二度と、あの「幼い天使」には会うことができない事実を受け入れるのに時間が掛かった。**こんなことならば、もっと色々な場所へ二人で旅をすればよかった……。欲しがっていたオモチャも、買ってあげればよかった……。

最近、孫を溺愛する爺・婆の気持ちがとても良く分かる気がしてきた。彼らも、この「突然の喪失体験」の穴を埋めるべく、自分の息子にやり残したことを孫に精一杯与えたいのだろう。


（40代・男性）

祖父

# ニューヨークの街角で、祖父と

明治43年生まれで96歳で亡くなった私の母方の祖父は、几帳面で物持ちがよく、なんでもきれいにとっておく人だった。亡くなった後には、使い切ったテレフォンカードまで、きれいに束にして保存してあるのが出てきた。この世代の多くの日本人がそうであるように、物のない貧しい時代に生まれ育ったから、捨てられなかったのだろう。

ある時、遺品を整理していた母が、私に「おじいさん、こんなものもとってあったの」と言って書類サイズの封筒を差し出した。中には、厚手の表紙で、手で綴じた紙の束が帳簿のような感じで入っていた。開いてみると、それは、祖父が兵隊として戦地に赴いた際、自分の母親宛に送った数多くの手紙の束だった。母親が大事にとっていたそれらの手紙を、戦争から帰った祖父は、時系列順に並べ、きれいに整理し、このような形でとっておいたのだ。

最初の手紙は、まだ20代の祖父が、出征直後、故郷である秋田から中国に向かう船の中で書いたものだった。その手紙の中で、祖父は、自分を送り出してくれた身内や近所の人たちへの感謝と、母親を気遣う思いを述べている。その後、兵士として滞在した中国から送った手紙のいくつかには、今自分がいる場所の風景や地元の子供達を描いた絵が描いてあるものもあった。

結果的に、祖父は運よく生き残って日本に帰り、天寿を全うしたので、今その事実を知った状態でこれらの手紙を読むとつい忘れてしまうのだが、これらの言葉を書いた時、祖父は戦地で死ぬかもしれない、もう二度と親兄弟には会えないかもしれないと切実に思いながら書いていたのだ。

この手紙の束を見せられたとき、「なんでも整理して大事にとっておくところが、さすがうちのおじいさんらしい」と感心すると同時に、とても残念な気持ちになった。私は、祖父と共に過ごした30年以上の間、これらの手紙の存在すら知らず、ここに書かれている祖父の戦争体験についても、ほぼ無知だからだ。祖父が話したかったかどうかはわからない。それでも、聞いておくんだったと思う。**祖父がいなければ私という人間は存在しなかった。そういう意味では、彼の歴史は私自身の歴史でもあるはずなのだから。**この手紙の束は、私が預かっており、いつか全部タイプして、ちゃんと保存しておきたいと思っている。

一方、「祖父が生きてるうちにやっておいてよかった」と思うこともある。祖父は、90歳になる前の数年間、なぜか続けてあちこちに海外旅行に行った。フランス、イタリアに初めて行き、その後、90歳の時に、私が住んでいるニューヨークに来た。彼にとっては、アメリカ本土初体験だった。一緒にブロードウエイに行った時は、居眠りするかと思いきや、最後は立ち上がって拍手をしていたし、マンハッタンを周るクルーズも一緒にやった。エンパイアにも一緒に上り、祖父はその全てを楽しんでいるようだった。

でも、一番心に残っている場面はもっと地味なものだ。母と叔母たちが買い物に行っている間、私と祖父だけで、コーヒーショップに座って待っている時間があった。私たちは窓際に並んで座り、道ゆく様々な人種、様々な格好の人々をただ眺めていた。私は、アメリカとの戦争で戦い、敗戦を経験した人にとって、初めて目にするこの国はどう映るのだろうと思っていた。祖父は窓の外を歩く人々を見つめながら、一言、**「いろんな人がいて、みんなそれぞれ自信をもって生きている感じで、それがとてもいい」**と言った。この時の情景を、今も時々思い出す。

帰国後、祖父がくれた手紙には、こう書かれていた。

過日は大変ありがとう。お陰で良い90歳の誕生日でした。気分も、貴女がいたので、大船に乗ったような安らかな楽しい日々でした。何度でも行きたくなります。一つ一つが思い出に残る設定でしたね。ダンスも忘れられません。

アメリカはのびのびとした、そしてキビキビした人々の集まりと知りました。大いに学ぶところがありました。あのように人種が走り回って居るのを見て居ると、あれだけで退屈しません。人間も大きくなります。日本人は、その面ではビックリする光景です。そうした国だから、みんなが我も我もとアメリカを目指すわけがわかりました。貴女が小さくて大きい巨人と知りました。貴女のたくましさも分かりました。益々磨いて下さい。貴女の生きる姿こそ、私の生きる力であることを申し述べ、お礼の言葉と致します。

祖父はこの6年後に亡くなり、アメリカを再び訪れることはなかった。この手紙を貰ってから20年が経つが、いつでも取り出せるようにとってある。　――（40代・女性）

## 祖父の歴史は私自身の歴史でもある。祖父の戦争体験を聞いておけばよかった

祖父

# 「認知症」になったボクの家族

ボクの家はとても貧乏であったが、祖父が大学の入学金や参考書代など金銭的な支援をしてくれたため現在のボクが在ると言っても過言ではない。祖母には内緒でこっそり小遣いをくれたりもした。また、金銭面だけではなく、合格発表などに一緒に行ってくれたりもする、ボクにとってとても大きな存在な人であった。

……その祖父が「認知症」になった。診断名はアルツハイマー型認知症である。アルツハイマー型認知症の特徴は〝記憶障害〟である。ざっくり言えば、忘れてしまう・覚えられないということだ。

ボクは大学から福祉の仕事を目指し、現在は高齢者福祉の分野で勤務している。とりわけ認知症の方への支援を行なうことを仕事としている。

しかしながら、仕事として認知症に接することと、家族として認知症に接することではまったくその意味合いが異なる。なんと表現すればよいか難しいが……ちょっとしたことでもいらっとするのである。「夕食はどうするんだ」など日常的にあり得る、普通に声をかけられただけでも「(大きな声で)食べますよっ」となってしまう。なかなか優しい対応ができないというのが本音である。

祖父は一緒に生活する中で「ビールが飲みたい」や「○○を手伝いたい」など様々な要望を訴えたが、認知症の診断を受けた後は、

「病気なんだから飲んじゃダメ」

「どうせちゃんとできないいんだから余計なことしないで」

と祖父の要望を叶える努力をしなかった。

そうこうするうちにあっという間に時は過ぎ、気づけば祖父は95歳を超えていた。当然、身体機能は低下し、歩くことも大変さが増している。また、認知機能も低下し、孫のボクのこともわからない日も出てきている。1分前のことでさえ忘れてしまうこともある。

## 祖父のやりたいことを、もっとやらせてあげればよかった

できなくなってから「もう少し、爺さんのやりたいことをやらせてあげればよかったかなぁ」と毎日のように思っている自分がいる。当時の祖父の要望は今考えれば、**「自分にもできることがある。役割があることを証明させてくれ」**ということでは……と思わずにはいられない。できる時には面倒臭くてやらない、できなくなった時にはあの時にやっていればと思ってしまう。これを後悔と言うのだろう。

ボクもこれを読んでいるみんなも「家族が認知症になる」ということにかなりの可能性で遭遇する。他人事ではなく自分事として考えておくこと。後悔しないためにも自分の愚痴を聞いてくれる人や相談できる専門機関を探しておくなどの備えをしておくことが大切であることをみなに伝えたい。

――（40代・男性）

## 祖父

# 近くて遠い永遠の目標

私は現在、祖父が創業した会社を三代目として経営しています。生まれた時から跡継ぎとして育てられ、祖父の13人の孫の中では一番可愛がってもらいました。26歳で家業に入り5年間共に仕事をして、祖父より多くのことを学ぶことができました。一緒に仕事をして偉大さが実感でき、祖父と共に仕事をしたこの5年間は私の財産です。私の祖父は今でも永遠の目標、少しでも近づきたい超えたいと思う存在です。

そんな祖父に対して、曹祖父母のこと、どんな子供時代だったのか、どんな職についていたのか、祖母との出会い、出征のこと、創業の決意、人生で一番嬉しかったこと、一番苦しかったこと、もっといろんな話を詳しく聴いておけばよかったなと思います。

会社経営をしているとさまざまな壁にあたります。その都度、立ち帰るところは創業の精神、我が社は何のためにどのような思いで創業したのかということです。経営者として祖父だったらどのように判断、対処するだろうかといつも想いを巡らせます。
祖父が亡くなって18年、願いは叶わないけれど、**もしまた会えるとしたら、一緒に風呂に入って背中を流しながら、昔の話をじっくり何日でも聴きたい**と思います。
大好きな祖父のことなのにあまりにも知らないことが多すぎるというのは、今思うと残念でなりません。当然ながら私より数十年も人生経験があった祖父、口には出さなくても想いはたくさんあったはず。話し下手な祖父だったので、もっともっとこちらから話を聞き出すべきだったと後悔しています。

本当に大切な人、大事なことに対しては躊躇なく行動することが幸せへの近道です。

（40代・男性）

## 祖母との出会い、出征のこと、創業の決意……祖父に聞いておけばよかった

祖父

# 祖父がお酒の力を借りて私に伝えたかったこと

私は、母方の祖父母にとって初孫だったこともあり、幼少の頃から大変可愛がってもらいました。父の仕事の都合で隣の県に引っ越した後も、運動会や発表会などの行事があると見に来てくれたり、高校受験の合格発表にもわざわざ来てくれたほどでした。

そんな祖父母のことを私も大好きだったのですが、1点だけ祖父のことで気になることがありました。それは祖父がお酒好きだったことです。普段は物静かな祖父でしたが、お酒を飲み始めると止まらなくなってしまうのです。暴力を振るうことはありませんでしたが、私が祖父母の家へ行った時は、酔っ払うと必ず私が祖父の隣に呼ばれ、ろれつがまわらない状態で延々と話し続けられました。それは私が中学生になる頃まで続きましたが、上の空で聞いていることの方が多かったと思います。

祖父が亡くなったのは、私が社会人2年目に入ったGW明けのことでした。祖父が

## 祖父の話をもっと真剣に聞いてあげればよかった

倒れた日は都内で働いていたので、翌日始発の新幹線で祖父が入院する病院へ駆けつけました。そして、私が到着してまもなくしてから祖父は亡くなりました。私が到着するのを祖父が待っていてくれたのかと思うと涙が止まりませんでした。

**今思えば、祖父が私に話していたことは真面目な話が多かったので、お酒の力を借りないと祖父も孫に伝えづらかったのだと思います。**祖父が私に伝えたかったことを色々聞き逃してしまったかもしれないと思うと、もっと真剣に祖父の話を聞いてあげればよかったということが悔やまれます。

祖父から新たな話を聞くことはもうできませんが、今まで伝えてくれた言葉はまだ残っています。「自分は貧しくて大学には行けなかったけども、いつでもどこでも学ぶことは可能だ。常に学ぶ・知見を広める意識を持って行動しなさい」という話は幼心に印象に残っており、自分が大変だったり辛い時には、祖父の言葉を思い出し、「何事も経験だ！」と思って前向きに行動しています。

――（40代・女性）

祖父

# 一緒にお酒を飲みに行きたがった祖父

私が高校受験して私立大付属校へ進学したことを喜んでくれたのは、父方の祖父でした。

祖父は定年退職後ベンチャー企業の役員に就任し、70歳を過ぎても精力的に仕事をこなしていました。そんな祖父は誇らしく、尊敬の念を持って接していました。

私の通った付属校は祖父の出身校ではなかったものの、大学対抗野球やラグビーの応援、部活動の様子について私が話すと、祖父の出身校とのカラーの違いなどを話してくれ、楽しい会話ができました。

祖父がある時、「○○○（私）が成人したら、サシで飲みに行きたい」と言いました。私は「まだ先だよ、その時になったらね」と、なにげなく返答していました。

私が高校2年の冬、祖父が体調を崩し入院しました。部活動や勉強で忙しく、なかなか見舞いに行けませんでした。高校3年の秋、祖父の容体が急変し対面したのは入院先の集中治療室で、その時は祖父をただ見つめることしかできませんでした。その翌日、祖父は静かに息を引き取りました。75歳でした。

祖父とのサシ飲みはかないませんでした。その後私が成人し大学の友人や会社の上司とサシ飲みする機会を経験して感じたのは、サシ飲みはただ酒を酌み交わすだけではなく心に残る言葉や想いなどを共有できる貴重な時間だということでした。**サシ飲みに祖父がこだわったのは何か理由があったのではないか、孫に伝えたいメッセージがあったのではないか、**聴くことができなかったことが残念でなりません。状況的に無理ではあったものの、祖父の願いを実現できなかったことを後悔していいます。もし祖父に会えるのなら、自分から飲みに誘って私の近況を話し、祖父が私に伝えたかったことを確かめたいです。

サシ飲みに限らず、会食やお茶を飲むなど大切な人との会話の機会を大事にして、そういった相手がいて時間を共に過ごしてくれることにも感謝していきたいです。大切な人の願いが実現可能ならば、かなえていく自分でありたいです。―（40代・男性）

## サシ飲みと違う形であっても、祖父との会話の機会を持てばよかった

祖父

# 大きかった祖父との最後の会話

満州国の大連で生まれ育った祖父。ラグビーをやっていたこともあり、ガッチリとした体格、スリーサイズはすべて100㎝という、幼少期の自分からはまるで小さなお相撲さんのような存在でした。中国語が堪能で、中華料理のお店に行けば店員さんと中国語で会話する姿に、素直に「かっこいい！」と感じていました。自分にとっては人生で最初に触れた異文化が祖父の中国語だったんだろうと思います。お酒が大好きで、温めた紹興酒や日本酒をテンポよく飲み、でも決してがさつではなく、祖母とよく楽しんでいた海外旅行のアルバムは、現地のメモも合わせてそれは美しく整理するといった、几帳面な一面も持ち合わせていました。体型・包容力・雰囲気と、とにかく自分にとっては「大きな存在」でした。

それまで健康そのもので、風邪を引いたなんてことも聞いたことのなかった祖父が、癌になりました。手術を終え入院生活を送る祖父をお見舞いに訪れた際に、あんなに

## 何かを伝えようとしていた祖父に、もう一度聞き返せばよかった

大きかった祖父の面影がまったく消えて、別人と思える小さな顔になってしまったことに、それは大きな衝撃を受けました。何回目かのお見舞いの日、一時は酸素マスクを付けていた祖父も、その日はマスクが取れていたと記憶しています。そして、自分を見つめて何か言いました。何かを伝えようとしてくれました。ただ、その言葉にならない言葉に、「え？　なに？」と聞き返し、祖父は再度口を開きましたが、やはり言葉がはっきりしません。**「分からないよ」と苦笑いをしながら、私は理解することを諦めました。** そしてこの日が、祖父と会った最後となりました。

祖父は何を言いたかったんだろう。自分があれこれ考えて「こういうこと？」と祖父に確認をすれば、祖父は喜んでくれたんじゃないだろうか。伝えたいことが伝わらない、その悔しさ悲しさを祖父に感じさせてしまったんじゃないだろうか。思い返すと、申し訳ないという気持ちに包まれます。もし祖父にまた会うことができるならば、ただただ祖父が大好きだったということの素直な愛を伝えたいです。　――（40代・男性）

祖母

# 私に生き方を教えてくれた祖母

　私が子供の頃一番影響を受けたのは父方の祖母でした。祖母は、家の離れに同居していましたが、足が悪くほとんど歩くことができないので、部屋を出ることはめったにありませんでした。

　私は小さい頃、いつもその部屋に行き、一緒に遊んだりテレビを見たりしていました。祖母は、とても優しく、私のやりたいことにすべてやらせてくれて、一度も怒られたことはなかったです。また、先に亡くなった祖父や子供たちのために、仏様に毎日お経を読んでいました。祖母は、自分のことは後回しにして、私たちや亡くなった家族のことを最優先に部屋でずっと暮らしていました。

**「良い行いをすれば必ず後で良いことがめぐってくる。たとえ自分でなくても、家族に必ず返ってくるから。人に親切に、『どうぞ』という気持ちを持つことが大事だよ」**

といつも話していたのを覚えています。

## 何もしてあげられなかったが、今でも心の中にいてくれる

祖母は、私が大学生のときに、病気で亡くなりました。家族が病院にかけつけた時には既に亡くなっていて、一人で息を引き取ってしまったことはとても悲しかったですし、後悔しています。自分は祖母に何もしてあげられなかった。今も生きていたら車いすで外に連れて行ったりできたのに……と、時折思うことがあります。

その後、家族が大病を患ったことも何回かありましたが、奇跡的に助かって今でも長生きしています。これは祖母が良い行いをたくさんしてくれたおかげだなあといつも思っています。

祖母は、私が周りの人に何か良いことをするたびに喜んでくれている気がします。そんなふうにして、今でも私の心の中にいてくれます。

——（40代・男性）

祖母

# 祖母の話

私は祖母が大好きだった。

彼女は母方の祖母で、広島で生活をしていたが、定期的に東京の娘の家にやって来ては1ヵ月ほど一緒に過ごすことがあった。母は仕事に出ていたので、小さい頃の私はよく一緒に遊んでもらっていた。孫を可愛がる多くの「おばあちゃん」と同じように、多めのお小遣いをくれたし、何よりやさしかった。一緒に開園当初のディズニーランドに行ってミッキーマウスの帽子をかぶったり、祖母の運転する自転車の後ろで感じた風は、今でもさわやかに思い出される。

そんな祖母の様子がおかしくなったのは、私が大学に進学して2年目の頃だった。喜寿を過ぎていたが、体は元気で、いつものように一人で広島から東京まで新幹線に乗り、在来線を乗り継いで娘の家にやってきた。話すこともしっかりしていたし、自転車に乗って買い物にも行っていたように思う。ただ、少々物忘れが始まっている兆候があった。「そんなんじゃはあボケたわあ言われるよ！」と、母は広島弁特有の少し皮肉っぽいようなキツいような言い方で、冗談とも叱責ともとれるような言い方をするようになって、私はその言い方が嫌だったし、祖母が「そうかねえ」と言いながら悲しそうな目をするのが辛かった。しかし、そのうちに祖母の言動はいよいよ痴呆の傾向を疑いようもない状態になっていた。初めは、朝話したことを夕方もう一度話すくらいだったのが、気がつくと10分おきに話すようになり、ついには話し終わった次の瞬間には同じ話を繰り返すようになっていた。

ある時、二人で食事をしていた時のこと、「今日は大学は休みか？」と、壊れたオルゴールのように繰り返す祖母と向かい合っていて、初めは穏やかに「うん、休みだよ」と返事をしていたが、**何度も繰り返しているうちに語気が強くなり、もう何回目か忘れた頃に「うるさいな！」と、かなり強い調子で怒鳴ってしまった。**いや、もしかしたらもっと暴力的な表現を使って怒鳴ったような気もする。祖母の悲しそうな表情を見た瞬間に「あっ」と後悔の気持ちが沸いたが、すぐにまた繰り返される時間の中で、どちらかといえば虚しさのような気持ちの方が強かったのを覚えている。

祖母は果たして、そのやり取りをその後どれくらい覚えていただろうか。あるいは次の瞬間には忘れてしまっていたのかもしれない。ただ程なく、予定を切り上げて広島へ帰ってしまったことで、彼女がいよいよ何かを諦めてしまったことがわかった。その突然の帰郷は、私の心の奥にさらなる罪悪感と何かを決定的に失ってしまったような喪失感を染み込ませた。

その後、祖母は東京に来ることはなかった。母は時折広島に行き、脳に良い食べ物だったり、運動だったり、習い事などを勧めたり、急に痴呆が直ることがあるというようなエピソードに希望を見出したりしていたが、私の方は、その後しばらく広島に行くことはなかった。**自分が壊してしまった祖母との関係に向き合いたくないという弱さが、ほぼすべての理由だった気がする。**

時はどんどん経った。祖母は長男（つまり母の兄である）のもとで、しずかに暮らしていた。母はやはり定期的に広島に行ったし、その都度、母親の扱いに関する長男への不満を聞く形で、祖母の動向はなんとなく聞き知った。私はその間に就職し、結婚して、独立し、子供が生まれていた。そんなある時、広島に行こうと重い腰があがったのは、子供が生まれた報告という理由ができたからかもしれない。久しぶりに会った祖母は私のことを認識しているような誰かと勘違いしているような、しかし落ち着いた雰囲気で孫の顔を眺めながら「あれ、こまあいのがおるが。誰の子かいの?」という質問をひとしきり繰り返していた。私と祖母の間にはすっかり距離ができてしまっていたが、その空間は夏の日差しの中でとても穏やかで暖かかった。

私はあの時、あんな言葉を言うべきではなかったし、祖母ともっと話すべきだった。少なくとも、祖母が広島に帰ってしまう前に、何か不安を和らげるような事を言ってあげるべきだった。それは、私の弱さから生まれた一時の過ちで、祖母にとっても私にとっても取り戻せない時間である。ただ、時が経ち、私と祖母はまた新たに出会うことが出来た。その穏やかな時間は、私の心を軽くしてくれたし、祖母は大勢の人に囲まれて幸せそうだった。とにかく、その時正しいと思うことをしよう。過去にこだわりすぎず正しい事をしよう。祖母はそう教えてくれたように思う。

それから10年祖母は恍惚の時を過ごし、8年前にその長寿を全うした。百二歳だった。

――――（40代・男性）

## 祖母の不安を和らげるような事を言ってあげるべきだった

祖母

# 24歳のときの私へ

「この青年は誰かね？」

24歳の燃えるような夏の日、私に一切の躊躇《ためら》いなくそう言い放ったのは、それまでずっと太陽のような愛情で育ててくれた祖母でした。

その日以降、私は悲しみを押し殺すように仕事と認知症の勉強に明け暮れる日々を送るようになりました。

「ばあちゃんに今より良い治療を」

その想いで進んでいるつもりでしたが、本当は、日に日に弱り果てていく祖母を見るのが辛くて。

実家に帰らなくて良い理由を必死になって探していたのです。

「後悔しないように、会っておいた方が良い」

母からの電話を受け実家に戻ると、2年ぶりに会う祖母は「誰か」と問われたら答えられないほどに痩せ細り、変わり果てていました。

出来ることなどもう何も残されていませんでしたが、最後に私が手を握り「ばあちゃん」と呼びかけた瞬間、祖母の両目から1滴ずつ涙が零《こぼ》れました。

それは認知症になってから祖母が流した最初で最後の涙でした。

私は、その時の祖母の気持ちと涙の意味をどうしても知りたくて。

必死になって勉強し、気づいたら人の話を聴くことが仕事になっていました。

相手の気持ちが知りたくて心理学の世界に入ったのに、この仕事を通して嫌という程思い知らされるのは、

「その人の本当の気持ちは、その人から発せられるまでは誰にもわからない」ということです。

どれだけ勉強しても、あの時の祖母の気持ちはわかりません。

それでも、大切な人をただ抱きしめ、

「いつもありがとう」

そう伝えることはできるようになりました。

24歳の時の私も、きっとそうすれば良かったのだと思います。

認知症を治すことも、良い施設や病院に通わせることもできないけれど、ただ毎日祖母を抱きしめ「いつもありがとう」と伝え続けることは出来たし、それは決して無駄なことではなかったと思うから。

抱きしめれないほどの愛情と、数えきれない程の教えを与えてくれた祖母が最後に教えてくれたのは、**「大切な人には自分の気持ちをちゃんと伝え続けなさい」**ということでした。

祖母が旅立って10年が経とうしています。その間、「あの時伝えておけば良かった」という後悔はありません。

――――――――――(30代・男性)

## ただ毎日祖母を抱きしめ「いつもありがとう」と伝え続ければよかった

祖母

# 母から聞いた祖母の苦労

共働きの家庭だったこともあり、小学生から中学生まで、毎年夏休みには母方の祖母のいる山形へ1ヵ月ほど帰省していました。祖母のもとには従姉たちもいて、毎年楽しく過ごしていたことを懐かしく思い出します。祖母はとてもやさしく穏やかで、たくさんの愛情を注いでくれました。

私が高校生になってからは部活や勉強が忙しくなり、祖母と会う機会も年々少なくなっていきました。祖母が89歳で他界した後、祖母がどのような人生を送ってきたか、母から聞かされました。

祖母が若い頃、満蒙開拓団として夫（祖父）とともに満州へ渡り、現地で私の母を含む子供5人を授かったこと。終戦と引き揚げの混乱の中、夫（祖父）と子供2人を失ったこと。命からがら帰国した後は教職に就き、女手一つで子供3人を育て上げたこと。祖母は亡くした2人の幼い子供のことを、生涯悼《いた》み続けていたそうです。

温和な祖母からは想像もできないような過酷な体験。**祖母が味わった苦しみや悲しみはどれほどだったでしょうか。**祖母自身は自分の苦労話を孫に聞かせる気はなかったかもしれませんが、生前にその話を聞く機会があれば、心から労《いたわ》ってあげたかった。祖母が頑張って生きてくれたおかげで私がこの世に生まれることができたと、感謝の気持ちを伝えたかったです。

大人になって祖母と会う機会が減ってしまったことや、きちんと話を聞く時間を持たなかったことを思うと、今でも胸がちくりと痛みます。

祖父母や両親がどんな人生を送ってきたのか。それは自分のルーツにつながる話でもあり、それを知ることで自分自身の人生を大切に生きようと思えます。身近な家族の話は、聞けるうちにぜひ聞いておくことをおすすめしたいです。 ―(40代・女性)

## 祖母が味わった苦労を心から労ってあげたかった

祖母

# ばぁちゃんと見た未来

「お前が東京の高校に進学したら、私もついて行って飯炊きばぁさんになるからね」。

母方の祖母、〝ばぁちゃん〟は、私が小さい頃から口癖のように、そう話してくれた。

一方、私の〝じぃちゃん〟は、商売上手で周りからはよく慕われていたけれど、家族には平気で手を出し、家庭を荒らしに荒らした挙句、しまいには痴呆が進んで、ばぁちゃんの介護無しには生活ができなくなっていた。


博多から遠路はるばる東京の離島へ嫁いだばぁちゃんは、そんなじぃちゃんの暴力と暴言に耐えながら4人の子供を育て上げたのち、複数の病気を患ってしまっていた。

「私が東京に行くときには、じぃちゃんも先に天国に行っているころだからね」と、ばぁちゃんは第二の人生を心待ちにしているようだった。


ばぁちゃん子だった私は、ばぁちゃんちで首都圏高校受験案内と題した分厚い黄色い冊子をめくりながら、数年先の自分たちを想像し、ひとり心躍らせていた。

**ばぁちゃんのこれからは、私のこれからで、揺らぎようのない未来だった。**

そんなばぁちゃんが、呆けたじぃちゃんと私たちをおいて、私が生まれた渋谷の病院で、先に逝ってしまった。

私が小学校四年生の、寒い1月のことだった。

悲しいとか、何か言い残したとか、そこまでよく分からなくて、私は、昨日までばぁちゃんがいた世界を、しばらく止めずにいた。

これまでのように、店のチラシの裏にばぁちゃんとの約束を書き溜めたまま、ばぁちゃんが帰ってくる日を待った。

ばぁちゃんが東京から静かに戻ってきて、家で静かに眠るばぁちゃんの顔をずっと見ていた。強く香る菊の花を背に、参列者にお辞儀をし続けた。翌日火葬場にきても、私は涙一つ出なかった。

「おまえ、ばぁちゃんがいなくなって、寂しいだろう?」

おじさんが私に言う。でも、寂しくなんかない。

そのあと皆で外に出て、青空に向かって立ち上る真っ白な煙が目に飛び込んできた瞬間、木陰に走って私は泣いた。

店のチラシをもって、あの時私は確かに誓った。

ばぁちゃんの口癖だった、

「絶対、負けるなよ！　ぶん殴られたら、やり返せ！」

じぃちゃんに負けなかった、ばぁちゃんの言葉。

**私に継がれた、ばぁちゃんの血**。

博多女の意地の強さは、時に嫌になるけれど、今、私はあの頃ばぁちゃんがいた未来で、共に生きている。

――（30代・女性）

## 寂しくなんかない。ばぁちゃんの想像した未来を生きているから

祖母

# 勝手に怖がっていた「ばあば」という存在

入社1年目のある朝、僕は泣きながら会社へ向かっていた。母方の祖母である「ばあば」が亡くなったのだ。

自分がなぜ泣いてるのか不思議だった。よく1歳下のいとことケンカして怒られていた記憶があり、「ばあば」は「怖い人」という印象が強かったから。

僕は母方の祖父である「じいじ」が大好きだった。一人で祖父母宅へ泊まりに行った時は、いつも「じいじ」と一緒に寝て、再放送されていた「ゲゲゲの鬼太郎」を古い白黒テレビで一緒に見ながら起きるというのが僕のモーニングルーティンだった。きっと僕が「じいじ」のことが大好きだというのは全身から漏れ伝わっていたと思う。

僕は初孫ということもあり、なおかつ小学1年生まで4年間を父親の転勤で沖縄で過ごしていた滅多に会えないレアキャラということもあり、親戚中でずいぶんと可愛がってもらった気がしている。

そんな事実を踏まえて考えてみたら、「ばあば」も僕のことが可愛かったに違いないし、「じいじ」と同様に大好きと思って欲しかったかもしれない。

でも僕は「ばあば」を恐れてしまった。「ばあば」の立場に立った時、可愛い孫に恐れられてると気づいたらとんでもなく悲しいと思うだろう。

再び冒頭の朝の場面に戻ってみる。

父、母、弟が「ばあば」のもとに駆けつける時、僕は休まず出社して仕事をすることを選択した。自分が居ないと仕事が回らないと思い込み、なにより休ませてほしいと言いづらかった。入社1年目の僕にそんな大事な仕事なんてなかったのに。

**今にして思えば、あの涙は「ばあばの死に駆けつけもせず何をやってるんだろう」「もっと親しく接すればよかった」という後悔の涙だったのだと気づく。**

愛情は相手が生きている時にしか伝えられない。小さなことから日々伝えよう。時間はそんなに残されていないし突然終わるかもしれないから。

——（40代・男性）

「ばあば」を勝手に怖がらずにもっと親密に接してあげたらよかった

祖母

# 飛行機に乗りたかった優しい祖母

私が幼稚園児、小学生そして中学生のころは母がパートで働いていたため、学校から自宅に帰ってきたときに自宅には母は不在で祖母がお留守番をしてくれていました。給食がない日などはお昼ご飯を作って待ってくれていました。進学や就職のために地方、東京に出た後は、お盆やお正月には定期的に実家に帰省し、家族や祖母に顔を見せていました。

私が社会人になったころから、若いときの無理が影響したのか祖母は骨粗しょう症にかかり、一人で歩くことが難しくなってきました。いつも優しい笑顔の祖母はだんだん元気を失い毎日辛そうに生きていました。そのころ私は結婚し、子供が出来たころで、ひ孫の顔を見せに祖母のいる実家にちょくちょく帰省していました。日頃は笑顔が少なくなり私の父母も心配するほどでしたが、私が実家に顔を見せると喜んでくれました。しかし、そのころの祖母は自身の人生がもうそんなに長くないことを徐々

## 一度でいいから飛行機に乗ってみたいという祖母の願いを叶えてあげたかった

にわかっていたのか、これまであまり聞いたことのなかった、自分のやりたいことや希望を話すようになりました。その一つとして**「死ぬまでに一回飛行機に乗りたいなあ」と話してくれました。**その頃私は、仕事で国内を飛び回り、移動のために国内線を毎週のように使っていました。それを知っていた祖母は、もし自分の身体さえ自由なら自分も飛行機に乗りたいと思っていたのだと思います。車いすでなら連れていけると思った私は「一緒に飛行機乗ろうよ」と声を掛けましたが、本人はそんな体では迷惑がかかると思い、本当は行きたかったろうに、遠慮して断りました。当時私は祖母の身体は少しずつよくなると信じていたため、その時は「わかったよ」といって無理強いはしませんでした。しかし、そのことは今となっては後悔しています。

数ヵ月後、春だから帰省しようと実家に帰った数日後祖母は亡くなってしまいました。不思議なもので、本来なら帰省する予定はなかったのに、祖母が最後に私を呼び寄せたのだと思います。私は結局最後まで祖母を飛行機に乗せてあげられませんでしたが、今では時々写真を忍ばせ飛行機に搭乗するようにしています。—（50代・男性）

祖母

# 料理が大好きだった祖母のこと

たった1人の祖母が亡くなってもうすぐ2年が経つ。

私の家は非常に珍しく、片親で育った同志の母の母と父の父が再婚したので、祖父と祖母はもともと1人しかいなかった。それを理解したのは小学5、6年の頃だったと思う。

たった1人の祖父は幼稚園のときに肺癌で亡くなり、幼いながらもショックではあったが記憶も曖昧である。厳格だが温かい、かっこいい祖父だったことだけ思い出される。

野方の2階建ての小さい家に1人で住み力強く92歳まで生きたのが祖母である。祖母は、いつも明るくて、元気なおばあちゃんだった。そして、とにかく料理が大好きでお正月にはおせちをいつも作ってくれていた。おせち以外にも、剣崎するめや、数の子の煮物の味も忘れられない。お正月以外にもお赤飯や手巻き寿司を、毎年作って

## 祖母におせち料理の作り方を聞いておけばよかった

ふるまってくれた。

去年から当たり前のように毎年食べていた祖母の作るおせちがなくなり、**料亭のおせちを買って食べたのだが、すごくおいしいのに長年食べてきた当たり前のおせちではなかったのか、寂しくて泣きそうだった。**なぜ、祖母にちゃんとおせちの作り方を教わっておかなかったのだろう。

戦争を体験した祖母は、体重がみるみる減って食べれなくなった状態なのに、「今まで辛い思いをしても頑張ってきたから絶対死ねない！」と言っていた。現代に生きる人より数倍、数十倍命を大切にしているのだ。それでも、亡くなってしまった。もっともっと祖母との時間が作れたはずなのに、後悔しきれないくらいの後悔である。絶対死ななそうな祖母が亡くなったのだから。

それでも、残された子孫は亡くなったひとの分も生きなければならない。最後まで生き抜くのだ。あの世で再会したときに「精一杯生きたからね！」と報告できるように。

――（40代・女性）

祖母

# 孝行をしたいと思った矢先に

十数年同居した祖母に対してもっと優しい言動を心がけるべきだったと後悔が残ります。

親元を離れ学生生活を始める際、祖母宅に居候をしました。学校に遊び、アルバイトと飛び回る毎日の私と、孫にたらふくご飯を食べさせたく、自分の話し相手が欲しい祖母。不要と伝えた夕食を盛大に用意されるなど、些細なことで口論になりました。

就職して社会人になると終電で帰れれば良いほうで、会社に泊まり込む日々が続きました。仕事に追われ、祖母のことを思いやる気持ちに欠けていました。

やがて職場の近くで一人暮らしを始め、祖母との同居は終わりました。離れたことで、祖母を思いやる言動が少しだけ出来るようになりました。これからはもう少し祖母孝行を……と思った矢先に急逝してしまいました。

日頃もっと優しく出来たはずでしたが、自分が未熟でした。**他人に対してや仕事上**

**の対応は優しくできても、身内やプライベートではぞんざいになりがちなのが人間**です。そのことを意識して、優しさを心がけて接すれば良かったと思います。また、気持ちが伝わらなかったり、自分がカチンとくるような反応が相手からあっても一歩引いて冷静でいることも心がけたいところです。

後悔先に立たず、完璧に予防するのは不可能です。祖母の件以外にも、さまざまなことを思い返します。心身を壊し亡くなった仕事の恩師。差別の苦悩を告白した外国籍の敬愛する友人。大通りを突然飛び出してしまった子どもを、目の前に居ながら全く体が動かなかった私や居合わせた大人たち（※子供は無事でしたがショックと後悔は残りました）。

どうすれば良かったか、何をすればよかったか……。後悔は消えないしこれからも生まれると思います。**後悔とともに生きる決意が必要です**。唯一できることは、後悔を今後にどう生かすかを問い、行動することだと思います。

——（40代・男性）

## 祖母に対してもっと優しい言動を心がけるべきだった

祖母

# 顔を見せることが最大の喜び

母の母、おばあちゃんが5年以上入退院を繰り返した長い闘病生活の末、亡くなりました。私が大学生の時です。入院していた先は、片道2時間。日帰りで行ける距離でした。

ただ、私は部活なり、受験なりで、忙しく生活をしていました。理由をつけてはお見舞いに行きませんでした。結局一度も行かずに亡くなってしまい、生きているときに会うことができませんでした。小さい時、おじいちゃん、おばあちゃんの家に行ったら、おもちゃを用意してくれたり、遊園地などに一緒に行ったりなど、たくさんの思い出があります。

本当に恥ずかしいことに、私は祖先を今まで大事にしていませんでした。お墓参りなども、形式的なもので、価値や意義がわかりませんでした。

価値観が変わったのは、おばあちゃんの死から何年もたった後のことで、私の子供が生まれてからでした。私の父や母そして、おじいちゃん、おばあちゃん……、妻側の義父や義母や妻側のおじいちゃん、おばあちゃん……がこの世に生まれて、存在していなければ、私は存在していません。また、私が存在していなければ、子供は生まれていません。そのような考えに至ってから、家族や親族、祖先をより大事にしようと自然と思えるようになりました。

また、子供が生まれて、顔を見せるだけでも、私や妻だけでなく、家族、親戚が喜びました。そのような光景を見ていると、「なぜ、私はおばあちゃんに会いに行かなかったのだろう」と、急に後悔の念に駆られました。

**顔を見せるだけでも喜んでくれたかもしれないと。別に難しく考える必要もなかったのだなと。**そして、もし、会えるのなら、存在してくれて、ありがとうと言いたいです。それだけで十分だなと感じるようになりました。

幸い、親はまだ元気なので、後悔のないように接すること、先祖のお墓参りは大事にし、子供に伝えていきたいです。

——（30代・男性）

## 入院中の祖母に会いに行き、「ありがとう」と伝えたかった

祖母

# 祖母との別れを通して今思うこと

40年以上も生きていると大切な人との別れを何度も経験している。愛しい人との恋の終わり、旅先でのサヨナラ、人生を導いてくれた人との永遠の別れ、最愛の家族も空へと送った。ところが、次々と思い出される、それぞれの人との記憶の中に「後悔」という感情は見当たらない。亡くなった祖父母に聞いておけばよかったなと思うことは確かにある。本人たちのことはもちろん、戦争や先祖のこと、母との思い出など、彼らからしか聞けない言葉はもっとあっただろう。でも、「だから、後悔している」という結びにすると、どうにも気持ちが悪い。いやだって、後悔してないんだものと思ってしまう。

祖母はアルツハイマー型認知症でゆっくりと子供のようになっていき、95歳で亡くなった。最初の2年間は、祖母とヘルパーさんと私で、祖母の家で暮らした。記憶が曖昧になりはじめたころで本人も不安が大きく、私をとても心配した。幼いころの呼び名で私を呼び、日が暮れると仕事で出かけている私を求めて近所を探し回った。台所からこっそりあんパンを盗んで枕の下に隠し持っていた祖母と真夜中にベッドで一緒に食べたりもした。その後の10年は老人ホームで過ごしていたけれど、できる限り会いに行った。おしゃべりをして、一緒に昼寝をして、テレビを見た。私たちは祖母と孫という関係のままじゃれ合い、彼女はかわいい女性のまま、たくさんの花と、孫のようなヘルパーさんたちと家族に送られた。あっぱれ、おばあちゃん！と誇らしく思ったことを覚えている。

もちろん当時もっとしてあげたかったこともこうすればよかったと考えたこともあったと思う。それでも今振り返ると素敵な時間だった。それぞれの人との時間もきっと「もっと」と思ったことはあったのだろうけれど、今では昇華してしまっている。**「人生後悔なんてない」と言い切るほどではないが、「後悔」という形で記憶に格納していないことに気づいた。**それもなかなかよいものではないだろうか。

——（40代・女性）

祖母にしてあげたかったことはたくさんあるが、振り返ると素敵な時間だった

兄弟

# 次兄の通夜で

3歳年上の2番めの兄が、76歳で亡くなった。

私は4人兄弟の3番目として、中学卒業を機に、東北の小さな村から〝金の卵〟で東京に出てきた。当時の時給は、わずか20円だった。実家は貧しく、井戸も畑もなく、近所からもらい水をして暮らしていた。その実家に井戸を掘るお金を送りたい――その一心でがむしゃらに働き、切り詰めに切り詰めて、やっとの思いで年末に1万円（現在の価値に換算して20万円ほどだろうか）を送った。

ただ、そのおかげで財布は空になってしまった。年明けまでの窮地をどうしのごうかと思っていたら、当時自衛隊に入隊していた兄が、私のところへふらっと遊びに来た。弟のようすを見に来て、腹を空かせているようだと察したのだろう。少し話をした後、私に「なんか食べろよ」と言って500円札をポンと置いていってくれた。その500円のありがたみは、一生忘れられない。

そんな私たち兄弟だが、後年はお金のことで仲違いをしてしまった。親の残したわずかばかりの遺産を、誰がどう管理するかで揉めたのだ。一族の長として威厳を見せたい長兄、理詰めで説得しようとする次兄、兄たちは何でも許してくれると思って行動する弟……互いに言いたいことを言い、こじれてしまった。**たとえ兄弟であっても、言葉を選びながら話し合うこと、ときには自分の主張をぐっとこらえて相手の気持ちにより添うことも大事なのではないか。**私は、兄弟がお金のことで揉める姿に辟易《へきえき》として、「自分は遺産などいらない」と伝え、争いの輪から抜けさせてもらった。

皮肉にも、兄弟が久しぶりに再会したのは、次兄の通夜だった。悔しいやら、情けないやら……複雑な気持ちだった。昔は兄弟4人、支え合って生きてきた。東京の同じ街で暮らし、毎年4家族集まって新年会をしていた。仲の良い兄弟だったと思う。現在、長兄は80に手が届く歳となった。かつてのようにバカ話でもしながら笑い合い、互いをねぎらい、助け合っていけたら本望だ。少しずつ兄弟との関係を修復しようと思っている。

――（70代・男性）

**たとえ兄弟であっても、言葉を選びながら話し合えばよかった**

弟

# のび太くんは、できない子じゃない

私の弟は、同い年の子と比べて飛び抜けて小さかった。何をしても遅く、不器用で、鈍くさく、勉強ぎらいの「のび太くん」でした。母はのび太くんを「何とかほめようと良いところを探しているけど、ほめるところが一つもない」と言って嘆いていました。最近、本当にそうだったのかな、とふと思います。

私には息子がいます。息子はのび太くんよりもさらにチビで、不器用で、知恵おくれです。息子には、ほめるところがたくさんあります。朝「おはよう」を返してくれた、ごはんをゴキゲンで食べられた、ジャンパーのファスナーを自分で上げた、学校へ行って帰って来られた、お風呂の前にトイレに行った、食器を運んでくれた、「おやすみなさい」ができた……。

## 弟の小さな良いところをたくさん見つけてあげればよかった

のび太くんは、ほめられたり肯定されたりした経験がほとんどありません。ほめられ、認められるには、立派でなくてはいけない。大人になった今もそう思い込んでいます。スポーツができて、物知りで、お金を稼いで、若くて美人な彼女がいる――**ステレオタイプの理想像にあこがれをもち続けて諦めきれず、現実の自分から目を背けてしまっているように見えます。**

のび太くんは昔から、弱い子をいじめませんでした。いつも辛抱強く待っていました。怒られても恨んだり、人を妬んだりしませんでした。

そんな1回、1回に、「すごいね」「よくできたね」と声をかけていたら、のび太くんは等身大の良いところに気づいて、凝り固まった理想から自由になったかもしれません。どの子にも長所があります。自分の良いところにたくさん気づいて強みに変えられるよう、子供たちの良いところを見つけて声をかけていきたいと思います。

（40代・女性）

弟

# 年の離れた弟との間にはいった亀裂

私には、6歳離れた弟がいる。中学校1年生のときに、弟は小学校1年生だった。からかうと本気で怒って、つっかかってくるのが面白くて、よくちょっかいを出したのを覚えている。ただし、年齢が離れているのもあって、弟と本気で喧嘩をしたり、弟に声を荒立てて怒ったりするようなことは一度たりともなかった。

年月は経ち、私は57歳に、弟は51歳になった。目下の問題は、90歳の父と、80歳の母の面倒を誰がみるかだ。一度は子供のいない弟夫婦がみることになり、両親の家に入ったのだが、弟の妻と父の折り合いが悪くなり断念。そこで家が近く、長男の私たち夫婦に、両親の面倒が託された。

母は家から車で2時間ほどの場所にある、姉の住む実家によく行きたがった。以前は自分で運転したのだが、80歳を過ぎて両膝には人工関節が入り、流石にそのまま行かせることはできない。そこで、私が運転することになったのだが、どうしても日程が合わない日があった。そこで、母親は弟にお願いをし、弟は母親の頼みを快諾した。

ところが後日、弟から私のもとに、母親の運転をできなくなった旨の連絡が電話できた。しかも、その断りの理由はあいまいで、終いには「母親をそんなに甘やかさなくてもいいんじゃないか」という発言をした。「じゃあいい、俺が行く」と、私はつい声を荒げた。さらに弟は、「俺が行けなくなったことは、兄貴から母親に言っておいて」と軽い調子で言った。その瞬間、私の中でかろうじて保っていた「兄の尊厳」が音を立てて崩れていくのを感じた。

「それくらい自分で言え！　その年になって、そんなこともできないのか、お前は。何ひとつ親の面倒もみずに、口だけ出しやがって」

私は弟に向かって、感情をむき出しにして怒鳴っていた。電話の向こうで、弟のすすり泣く声がした。一度も怒られたことのなかった、すべてを理解してくれると信頼しきっていた兄に怒られたことが、弟にはよほどショックだったのだろう。

冷静になった後、私は反省した。弟が母のお願いを断ったのは、両親との折り合いの悪い弟の妻の意向があったことは間違いなかった。以前にも弟の嫁は、頻繁に実家に行く母親に対して「歳なんだし、家でじっとしておいてください」とよく言っていた。**両親と妻の間で、弟も板挟みで悩んでいたのだ。兄として、もっと大きな心で、その気持ちを汲んであげればよかった。**

弟に謝ろうと、何度か携帯に電話をしているが、一度も出てくれない。頻繁に喧嘩をしていた兄弟ならば、自然と仲直りの方法もわかるのだろう。しかし、年の離れた一度も喧嘩をしたことのない私たち兄弟は、お互いに仲直りに不慣れだった。

しかも、弟だけならまだしも、弟の妻も加担しているようだった。彼女は、介護を投げだしておきながら、「お金の無駄使いはしないでくださいね。遺産はしっかり半分いただきます」と平気で両親に言ってのけてしまうような、デリカシーのないタイプなのだ。当然、弟との関係を取り持ってくれることなどありえない。弟と喧嘩をしてから2年が過ぎるが、関係修復の兆しは全く見えないどころか、むしろ問題が複雑に絡み合い、取り返しがつかなくなってきている。

——（50代・男性）

弟と喧嘩をしたが、どうしても仲直りができない

妹

# 「いつでも帰っておいで」が言えなかった〝妹〟へ

トモちゃん（仮名）は、私の子ども時代に、我が家で一時期いっしょに暮らした妹のような存在です。父が経営していた土建会社の社宅に住む従業員の子でしたが、親から虐待を受けており、見かねた私の両親が彼女を隔離するようなかたちで我が家に住まわせたため、私とは姉妹のように育ちました。

トモちゃんは何でも私のマネをしたがって、私の持ち物をそっと持ち出したり、もらったおやつをその場で食べずに部屋の隅に隠して夜中に食べたりと、奇矯な行動のある子でしたが、「この家では、いつでも必要なものを必要なタイミングでもらえるの」と涙ながらに説得した母の気持ちが通じたのか、我が家での暮らしに慣れたころには、学校の成績は芳しくないながらも、愛嬌のある普通の女の子に育ちました。

ただし、長じてからのトモちゃんは、つきあう男がそろいもそろってろくでなしで、暴力に耐えかねたりお金に困るたびに私のところに転がり込み、しばらくするとまた男を作って出ていく、のくり返し。

あるとき、何人目かの男性について海外に移住すると言いだした彼女に、私は「もしまた殴られて逃げ出したとしても、外国にはもう頼れる人がいないんだよ。私は助けに行ってあげられないんだよ」と叱り飛ばして大反対しました。

「別にいい。今度は幸せになるから。もうミチヨ姉の世話にはならない」

そう言って私の干渉から逃れるようにフィリピンに行ってしまいましたが、案の定、数年後にはその男性が国外の違法行為で逮捕されたという話が聞こえてきて、トモちゃんの消息もつかめなくなりました。ある知人の話によると、その後彼女は日本に別の男性と帰ってきて、九州の飲食店で働いているとも聞きました。

トモちゃんが最後に私の家を出て行くとき、何度も同じことを繰り返す彼女に憤慨して、「今度何かあっても、もう二度と私を頼らないで。あなたの面倒は見きれない」

と言い捨ててしまいましたが、なぜあのとき、もっと別の言葉をかけられなかったのか。ひとつ屋根の下に育った身内として、どうして**「何かあったら、またいつでも帰っておいで」と言ってあげなかったのか。**

トモちゃんが今は幸せに暮らしていることだけを祈りつつ、ずっと後悔しています。

――（50代・女性）

妹がわりの彼女にとって、最後の駆け込み寺のような存在になってあげたかった

妹

# 早回しのような人生を歩んだ妹へ

妹と私は10歳違いでした。私が生まれて間もなく、父は戦地へと召集されました。終戦から何年もかけて父が戦地から戻ってきた後、妹が生まれました。そんなこともあって、私にとって妹は「妹」というよりも「娘」のような存在でした。

私が結婚してから10年後、妹も結婚をしました。私には、男の子が2人。妹にも、女の子が2人。同じ母という立場になった頃から、母娘のような私と妹の関係は「姉妹」の関係に近づきつつありました。

けれども、そんな姉妹の関係をゆっくり楽しむ間もなく、時は過ぎていきます。いつしかお互いの子供は成人し、結婚し、妹は50代前半で4人の孫を持つおばあちゃんになっていました。そんな彼女の歩みをときおり「まるで早回しのような人生だな」と不思議に感じたりもしていたのです。

彼女が58歳のときだったでしょうか、知人を通じて妹ががんであることを知りまし

## 歳の離れた妹と「姉妹の時間」を過ごしたかった

た。遠く離れた地に暮らす自分に心配かけまいと、ずっと黙っていたのです。すぐさま駆けつけました。抗がん剤を飲みながら自宅療養をする妹が、ニット帽を目深にかぶっていたことを覚えています。「髪を失った妹のためにいったい何ができるだろう？」といろいろ考えましたが、その日から今まで黒く染めてきた白髪を染めるのをやめることにしました。私なりの願掛けでした。

死期を悟っていたのでしょう。妹は「父母の眠る京都にお墓参りをしたい」と言いました。彼女の夫と、私の夫と一緒に向かいました。それが私たちの最後の旅となりました。**私より遅く生まれた妹は、私よりも早くあの世へと旅立ってしまいました。**

葬儀の後、義理の弟である彼女の夫が「こんなことになってしまい、申し訳ありませんでした」と私に言いました。誰も悪くなんかない。妹は、愛する人たちに囲まれて、短いけれども濃密な時間を過ごしたと思っています。

ただ、もしも願いが叶うなら、お茶を飲んだりしながら、2人でただゆっくりのんびりと姉妹の時間を過ごしたかったです。

――（70代・女性）

叔父

# 叔父への思い

私が「聞けばよかった　話せばよかった」について一番に頭に思い浮かんだのは、2019年9月に亡くなった叔父のことでした。

私の父は3人兄弟の長男で、叔父はすぐ下の弟で次男です。とても仲の良い兄弟で何かあれば3人で相談し助け合っていたように思います。その叔父は典型的な次男で、性格は破天荒。情に厚く涙もろい、面倒見が良いけど人が良いからすぐ人に騙される。まるでフーテンの寅さんみたいな人です。そんな叔父に叔母は苦労した部分もあると思いますが、私は叔父が人間らしく感じて大好きでした。

叔父との一番の思い出は、私が小学生の夏休みに、叔父が当時住んでいた館山へ兄と二人で会いに行ったことです。東京駅から特急に乗り、館山へ行きました。子供だけでそんな長旅をしたことはなかったので、もう大冒険でした。館山駅についたら叔父が待っていてくれました。ちょうどお昼頃だったので叔父は館山で一番のレストランに連れてってあげるといい、車に乗り込みました。そして連れて行ってくれたのはローカルのファミリーレストラン(笑)。しかし、子供の私は高級かどうかなんて分かりません。お子様ランチみたいのを食べた記憶がありますが、とてもおいしかった記憶があります。次の日、海に連れて行ってくれました。ボートにのり沖まで行きました。私たちが来るということで、楽しませようとボートを手配し、子供用のライフジャケットを用意してくれたようです。ボートを漕いだり、沖で泳いだりしました。また、次の日、叔父はチャボを飼育していて、産みたての卵を使って卵かけご飯を食べさせてくれました。

このように叔父は、めったに体験できないことをさせてくれる人でした。そして会うたびに必ず私にこう言いました。**「今を楽しんでいるか?」**。

私も大人になり、社会人として忙しい生活を過ごしているうちに叔父と会う機会はほとんどなくなってしまいました。そうこうしているうちに叔父は事故に遭い、脳を損傷してしまいました。会っても私ということは認識できているのかできていないのか。事故から7年間回復を待ちましたが、回復はかなわず、ついに昨年帰らぬ人となってしまいました。

叔父は私にたくさんの体験をさせてくれました。いろいろなことを教えてくれました。それなのに**忙しいと自分に言い訳をつけて、ろくに会いに行けないまま、何も恩返しができないまま二度と会えなくなってしまいました。**無理にでも時間をつくって会いにいけばよかった。お酒を酌み交わしながら、叔父ともっとたくさん話したかった。

もし叔父に会うことができるなら、こう言いたいと思います。「今をたくさん楽しんでいるよ。ありがとう」と。

――――――――――――（40代・男性）

## どんなに忙しくても叔父に会いに行けばよかった

従姉

# 病気で亡くなった従姉の悔い

私には兄が二人おり、末っ子の女児として誕生した。子供の頃から最も仲がよかったのが、近くに住んでいた2歳年上の従姉だった。姉妹がいなかった私にとって、実の姉のような存在だった。大人になり、お互いに結婚し、子供ができ、家族ができた後も、折を見て会って、お互いの近況を報告し合っていた。

従姉が48歳のとき、突然、入院したという連絡が入った。最初の頃は、詳しいことを教えてくれなかったが、やがて卵巣がんで余命8ヵ月であることを告げられた。私は、車で往復3時間かかる病院に、毎週欠かさずお見舞いをした。そのたびに、いろいろな話をしたが、あるとき従姉は、こんな言葉を口にした。

「母親に、あんな風にむきにならなければよかったのかな……」

従姉は数年前に、父親を亡くしていた。その遺産相続で、家族間のいざこざに巻き込まれた。母親と同居する長男が、すべて財産を相続することになったのだ。母親からは「嫁に行ったお前には一銭もやれん」と冷たく言い渡された。それまで父親の介護を献身的に行なってきた従姉は、はらわたが煮えくりかえるような怒りを覚え、母親をののしり絶縁した。

従姉が病気になった一因には、そんな家族とのいざこざによる心労も、少なからずあったのかもしれない。**母親との間の溝に悔いを残していた従姉は、結局、和解することなく、帰らぬ人となった。**

あのとき、従姉とその母親の間を取り持って、関係を修復できたのは、私しかいなかったのではないかと、いまさらながら後悔している。ただ、従姉の経験は、私自身の人生には大いに活かされた。家族がお金のトラブルなく、円満に過ごせているのは、従姉のおかげなのかもしれないと感じている。

――――（70代・女性）

## 絶縁していた従姉とその母親を和解させられなかった

伯父

# 私の大切な伯父さん

伯父さんは、私のもう一人の父でした。母の後ろに隠れる小さな私をけしかけ、アリの巣に悪戯をしたり、ヘンテコなナゾナゾをしたりして田舎のお葬式を楽しくしてくれた伯父さん。立派なランドセルを送ってくれたのも、大学進学に意見してくれたのも伯父さん。社会に出た時に、若い時は理不尽なこともあるが、頭を下げれば相手に尻を向けていると思えとエールを送ってくれたのも伯父さんでした。

喉頭がん、胃がん、伯父さんは痩せていきました。伯父さんが80歳を過ぎてからは、夜中に実家から電話が来ると不安でした。とうとうある時、意地でも弱音を吐かない主義の伯父さんからSOSの電話が来ました。

当時私は在宅介護の事業を始めたばかり。今こそ伯父さんを助け恩返しする機会だと意気込みました。しかし急いで駆けつけると、伯父さんは無理して起きてきてソファに座り、東京オリンピックの電気設備は大変だったなどと昔の武勇伝を繰り返す。介護保険につなげたいのに、ゆるく拒否。次第に無理が効かなくなり、ようやく介護サービスを導入。すると、痩せこけた伯父さんが、ベッドから起き上がり直立不動で「お世話になります」と頭を下げる。そんな姿を見るのはつらかった。訪問看護が功を奏して少し良くなったと聞いた数日後に緊急入院。肺結核がわかり、ついに隔離病棟から家に帰ることができませんでした。

「あとは棺桶に入るだけだ」と、入院中も強がっていた伯父さん。

伯父さん、今振り返ってわたしは悔やむのです。伯父さんにとって私は、いつまでも、田舎の葬式ではにかんでいた小さな子のままだったのではないかと。

伯父さんに何とか良くなってもらおうと頑張ったけど、**あの時私がすべきだったのは、たくさんの思い出を振り返り、伯父さんに「ありがとう」をいっぱい伝えることだったのではないのか**。残された時間をもっとゆっくり過ごせばよかった。もっと伯父さんの話を聴けばよかった。伯父さんのことを思い出すたびに、私の胸はシクシクと痛むのです。

――（40代・女性）

**たくさんの思い出を振り返り、「ありがとう」をいっぱい伝えるべきだった**

親戚

# 「負けるもんか」

祖母の従姉妹だったおばさんが、祖母のところに、時々遊びに来ていた。思春期の私に幼いころの話を会うたびにしてくれた、「あなたが2～3歳のころの口癖は『負けるもんか』だったね。何をやるにも『負けるもんか、負けるもんか』って、なんでも一生懸命やってたね」。今思えば、いろいろなことを諦め始めて、親の励ましに反抗していたころだった気がする。思うように成果があがらず、かっこ悪くて、そんな自分を見るのがいやで、本気でチャレンジすることがなかった。小さなプライドだった。「がんばれ」と言われれば、言われるほどやる気をなくしてくさる態度、人のせいにして逃げていた。

本当は、部活をもっと頑張りたかったし、親が驚くような成績も取りたかった。どうせやるなら、「どうだ」って顔ができるくらいの成績取らなきゃ負けたのと同じだと思っていたけど、その努力をするのが怖かった、自分に負けていた。

「あなたはできるよ」と祖母が何度も言ってくれたけれど、言われれば、言われるほど、チャレンジした後の落胆しかイメージできずに、言われることにも反抗して、ますますやらないでいた。あの時、本当に、やればよかった。やってみればよかった。本当は精一杯やりたかった。**人の目や評価を気にしてやらずにいる風に見せていたけれど、そうではなくて、自分の小さなプライドにこだわって、人と自分を比較して、戦う前に自分に負けていた。**恵まれた環境に生まれて、なんでもできたのに。本当に甘ったれだった。

そんな私のことを祖母から聞いて、おばさんは来るたびに私に「負けるもんか」の話をしてくれたんじゃないかと今になって思う。その時は、理解できずに、いやな顔見せたんじゃないかなぁ。「負けるもんか」ってはつらつとチャレンジする姿を見せたかった。喜んでもらいたかった。素直に聞けなくて、ごめんね、おばさん。ごめんね、おばあちゃん。後悔だけれど、負けそうなときは思い出して「負けるもんか」ってつぶやいていきます。

——（50代・女性）

## 本気で何かにチャレンジしてみればよかった

愛犬

# パピーウォーカーとしての失敗

「パピーウォーカー」をご存知だろうか？　盲導犬の候補生として産まれた生後2ヵ月の子犬を成犬に育つまでの約10ヵ月間、一般家庭で育てるボランティアのことだ。我が家では2度、このボランティアに挑戦した。

1度目は6歳の頃。お調子者のラブラドールで可愛かったが、それ故に盲導犬としては不合格。ボランティア期間を終えると、一般家庭に引き取られペットになった。

2度目は12歳の頃。「今度は自分が責任者として面倒をみる」と、自らイニシアチブを取り、子犬との生活が始まった。とても賢いゴールデンレトリーバーで、人のことをよく見ていたし、勘もよかった。「今回は盲導犬になれるかもしれない」と家族の誰もが期待した。

子犬との暮らしもあと数ヵ月を残すのみとなった。私は、小学校を卒業した後、中学からは親元を離れ、寮生活が決まっており、子犬を最後まで見届けることができなかった。そんな時期に、私はお年玉でTVゲームを買い、夢中になってしまった。かろうじて子犬の散歩はしたが、今までのようには愛情を注げなくなった。限られた貴重な時間はあっという間に過ぎ去り、残りの子犬の面倒を親に託して家を出た。

夏休み、久々に実家に帰ると子犬はもういない。両親から「結局盲導犬にはなれなかった」と聞かされ、かなりへこんだ。そして、部屋に残されたゲーム機が、ふと目に入った。なんとも言えぬ虚しさが込み上げてきた。

取り返しのつかないことをしてしまったと、すぐに悟った。**子犬との限られた時間を、もっと大切にできたのではないか**。ゲームなんてしている場合じゃなかった。居ても立ってもいられなくなった私は、リサイクルショップに駆け込み、そのゲーム機を売り飛ばした。それ以来、ゲームの類を一切していない。

当時をやり直したいとは思わないし、むしろその苦い経験に感謝している。けれど、ふとした時に思い出すのは、やはり後悔の証拠なのかもしれない。あの子犬は、いい飼い主に巡り合えただろうか……。

――（20代・男性）

盲導犬の候補生だった子犬の面倒を十分に見られなかった

愛犬

# 亡き彼への思い

2000年2月に、彼は生後2ヵ月で我が家にやって来た。2017年5月に17才でその生涯を終えた。

彼とは楽しい生活を共有できた。彼は小さい頃から病気がちで、のどや両ひざの手術もした。顔の頬に腫瘍ができ悪性と言われ愕然《がくぜん》としたこともあったが、切除して検査したら実は良性だったのは彼が8才の時である。幸いなことに、彼は顔のしわが多く、切除したところがわからない状態で完治した。3才頃からてんかん発作があったが、病死ではない最期だったのは不幸中の幸いである。

彼がうちに来た2年後に我が家に長女が産まれた。長女が泣き出すと、彼はそおっと歩いて自分の部屋に帰った。彼もまだ幼かったが、子どもが手がかかるときに、同時に手がかかることは一度もなかった。その4年後に次女が生まれた。その時も同じであった。娘たちの兄代わりであった。

年に一回は家族旅行に行っていたが、その間彼はいつも病院に泊まっていた。幸い病院の職員は彼の性格をよく知っていた。彼は、病院で我々を見送るときには嬉しそうにしていて、一度も我々家族に対し、一緒に行きたいとせがんだり、文句を言ったりはしなかった。しかし本当は彼も一緒に行きたかったのではないかと思う。

**そんな彼も一度だけ、家族と一緒に旅行したことがある。**スキー場近くの2階建てコンドミニアムであった。寝るときに彼だけ1階で寝ていたのだが、2階に上がってきて下りられなくなり、抱っこして1階に下ろして……を何回か繰り返した。彼はスキーができなかったので、家族4人のうち3人スキーに行き、1人は彼と遊んでいた。帰りにアウトレットに寄った時には、買い物にはまったく興味を示さず、私と2人で散歩をしながら風景を楽しみ、帰りの車では満足して娘と一緒に寝ていた。今考えると彼にも我々にとっても、とても幸せな時間だったのだと思う。

今になって、もっともっと彼と一緒に旅行に行けばよかったと後悔している。17年間一緒に暮らした飼い犬の話である。

――（40代・男性）

## もっともっと彼と一緒に旅行に行けばよかった

# 大切な人

初恋

# 19歳の夏、初恋の人と

20歳の誕生日、彼は自分の部屋で、自分の意志で、この世を去った。
もう30年以上も前のことになる。

今も、ずっと後悔している。
**あのとき、私が違った言葉を彼にかけていれば、未来は変わったのかもしれない。**

彼は初恋の人だった。小学6年生のとき、初めて胸が痛いような、その人がそばに立っているだけで、そわそわして変に一人で喋り出してしまう、そんな体験をした。彼は学年で一番背が高く、野球チームのピッチャーだった。そして、二人の間に特別な何かがあったわけでもなく、卒業式の日に、なぜかブレザーのボタンを1つ私にくれて、進学先が違った私たちはしばらく会わないまま時が過ぎていった。

そんな彼と再会したのは、19歳の暑い夏。家に帰るバスの中でばったり会ったのだ。7年ぶりの再会。風の噂で一浪して関西の大学に入ったのは知っていた。そして、隣に立った彼はやっぱり背が高く、屈むようにして私の顔をまじまじ見てこう言ったのだ。

「なんだか、すげえよ。お前に会いたいと思ってたんだよな」

「な、なんで？」

「だって、お前なら、俺のこと特別扱いしないで、言いにくいこともズバズバ言いそうじゃん」

「えっ、そう？」

「そうだよ。お前は女だけど、人間同士って感じで話せる奴なんだよ」

「あのさ……それ、褒めてんの？　けなしてんの？」

そんな会話からスタートした。私は久しぶりに会えてどきどきしていたのだけれど、彼にそんな様子は微塵もなく、まるで昨日まで毎日会っていたかのように、話しかけてきたのだった。けれど、彼から昔のような精彩さが消え、どんよりしたものを纏っているのが、私はなんだかとても気になっていた。

聞いてほしいことがある、と言われてバスを一緒に降り、ランドセルを背負っていたころとかわらないまま、バス停のベンチで隣に座り、私たちは話し始めた。

彼は突然、「自分がなぜ、今、生きているのかわからないんだ」と話し始めた。存在する意味がわからない、と。自分の話すことすべてが、いつも誰かの受け売りでしかない気がする、と。

「俺って、自信ありげに見えるだろ。でも、本当は違うんだよ。俺は空っぽなんだ。あるのは不安だけ。ごめん、いきなり」

「そうだね、確かにそう見えるところはあるかな。でも、そんな風に考えているなんて、なんかすごいね」

そんな会話をした3日後、彼は旅立った。

私はそれを彼のお母様からの電話で知った。携帯電話のない時代、彼の家の電話発信記録に我が家の番号があったからだった。

## 「そうだね」じゃなく、「そんなことないよ」と言えばよかった

「息子は、あなたに最期、何か言いたかったのではないでしょうか……」

今も、思う。

あのとき、「そんなことないよ。あなたは絶対空っぽなんかじゃない。私はあなたがずっと好きだった」

そう言えば、違ったのかもしれない、と。

――（50代・女性）

初恋

# 初恋の人の死について想うこと

中学校3年生の卒業まで残り少なくなったある日、僕はクラスメイトに告白をした。彼女は双子で、一卵性の顔がそっくりな妹がいた。明るく快活でよく日焼けをした妹に対して、姉である彼女は肌が白くおしとやかで地味な印象だった。同学年の男子には、妹の方が人気があったが、僕は姉の静謐な美しさに魅力を感じた。

電話越しで彼女は、深く押し黙まり、やがて「今はつきあえない」と返答した。理由を聞いても、彼女は「ごめんなさい」としか言わなかった。後でわかったことには、その時、彼女は好きな人に告白をし、その返事を待っていたところだった。その相手は僕の友人だった。

結局、彼女は、彼にふられてしまった。その事実を知っても、改めて、彼女に告白しようという勇気は持てなかった。隣の席だった彼女とは、めっきり話さなくなってしまった。卒業式の日、彼女とメッセージをやりとりしたが、内容は思い出せない。

大学生になり、帰宅中の電車の中で、彼女の姿を目にした。友達と一緒だった彼女は、こちらに気づいた様子で、一瞬微笑んだ気がした。何となく気まずく感じた僕は、つい咄嗟に、読んでいた本に目を落とし気づかないふりをしてしまった。駅に着いても、彼女に声をかけることなく、その場を立ち去った。**なぜあのとき、「ひさしぶり」と声をかけられなかったのだろうか……。**

それから数ヵ月して、彼女が亡くなったという訃報が舞い込んだ。彼女は自殺という選択で、この世を去った。優等生だった彼女は、大学受験の失敗をきっかけに心の病におかされ、精神が不安定になることが多かったのだという。しかし、それらの情報は、生きている人が納得するためのまやかしにすぎなかった。もはや、彼女の本心を知る由はなかった。

遠く淡い思い出となっていたはずの彼女の記憶は、いつまでも治らない生傷のように心に刻み付けられた。どこかで自分自身が、何かの行動を起こしていたら、運命は変わっていたのだろうか。あるいは、何も変わらなかったのだろうか。

（40代・男性）

## 初恋の人に再会したとき声をかければよかった

彼

# 美しい魂を持ったあなたへ

相手の方は今、生きていらしたら今年で40歳になられる方です。

彼が20代の頃に出会い、その後メールやSNSなどでの繋がりはありましたが、再会したのは10年ほど経ってからでした。

10年ぶりに会った時に思ったのは、

（なんて美しい魂を持った人なのだろう……）

それまで聞いたことがなかった彼の人生のことを夢中になって聞いていました。

子どもの頃は周りからいじめられて、それが原因で精神的に病んでしまったこと、学生時代にニューヨークに行ってデザインの勉強をしていたところ9・11の事件に遭ってそれまでの価値観がひっくり返るような体験だったこと、日本に帰国してアルバイトしていた工場で腕を挟んで切断したこと……等々、人づてに聞いてはいたけれどどこんなにも壮絶な人生を送ってきたと思えることを淡々と語る彼がいました。

彼の横顔を見ながら残された片腕がなんだか愛おしくなって、芸術に思えた程でした。

**そんな彼に惹かれている気持ちに気付いてはいましたが、一回り以上年下であることがどうにも引っかかって自分の中にずっと収めていました。**

時々やりとりするメールや彼の家で彼が作った陶芸や絵の作品を眺めながら自分の魂さえも上がっていくのではないかという程に彼と一緒にいると癒された時間を過しました。

秋には友達と個展を開きたいと語ってくれて、お互いの活動を応援しあおうと言って別れたのが4月。

秋の個展に向けて片腕で、自分の作品に向かっていたという彼をそっと応援していた2ヵ月後、早朝に友人から連絡が来て彼が心筋梗塞で亡くなっていた、すでに2週間経っているという知らせを受けました。


あまりのショックで涙もでませんでした。

まだ37歳、これからいろいろやっていこうと話してくれていたのに。

私もそんな彼を精一杯応援したいと思っていたのに。

神様はあまりにも酷いことをされると本気で思いました。

あんなに優しくて、あんなに人柄が良くて、あんなに穏やかで魂が美しい人みたことない……。そんな彼がこの若さで逝くってどういうことなの！

悲しみなのか、悔しさなのか、怒りなのか自分でも混乱していました。


その年のお盆に彼の住んでいた滋賀のお宅に伺い、憔悴しきったお父様とお母様にお会いしました。

お父様の声と彼の声があまりにも似ていて、また悲しくなりました。

遺影に手を合わせて、堪えていた涙が止まりませんでした。

やっぱり現実だったんだ。

## あなたのことが好きだと彼に伝えたかった

ほんとうはもっと一緒に時間を過ごしたかった
ほんとうはもっと、彼の創る作品をみたかった
ほんとうはもっと、側に居たかった
ほんとうは、歳がいくら離れていようとあなたのことが好きで
あなたのことを好きな自分のことが好きであると伝えたかった

あなたに会ったことで、人を好きになるという事がこんなにも素晴らしいこと
たとえ片腕しかなくても私にとってはあなたはパーフェクトなほどに
素晴らしい生き方をされていて、あなたの生き方が私にどれだけ
影響を与えているかというのを伝えたかった

私が天国に行って、彼に出会ったらこれを伝えたいです。

——（50代・女性）

彼女

# 大学時代、好きだった女性のこと

京都の美大に進学した1年生のとき、同級生の女の子に夢中になった。彼女は、老舗の着物屋の娘で、豪邸に住んでいた。パッと見は派手さはないのだが、改めてみると、身にまとうものや所作に品が感じられた。いわゆる美人というタイプではなかったが、個性的な顔立ちで、ある種の人にとっては、魔性の魅力を感じさせた。

ある時、意を決して、彼女に告白したが、手ごたえのないのれんのように、するりとかわされてしまった。彼女には交際相手もいないようだし、多少なりとも私に好意があるように感じた。しかし**何度、彼女にアプローチをかけても、のらりくらりとかわされてしまった。**

大学3年生になり、一緒の授業が少なくなるにつれ、彼女との接点はなくなっていった。手の届かない高値の花なのだと、いつしかあきらめるようになった。

大学卒業後、私はカメラマンのアシスタントとして働き始めた。一緒にくらす恋人

も い て、人生の先行きは不透明だったが、充実した日々を過ごしていた。そんな時、友人が彼女と偶然再会したと連絡をくれ、3人で久々に飲むことになったのだ。

彼女は相変わらず魅力的だったが、私の中にかつてのときめきはなくなっていた。気になったのは、彼女の酒を飲むペースが異様に速かったこと。その様子は、どこか狂気じみていた。私自身も相当酔ってしまい、その勢いで疑問をぶつけた。

「どうして、あのとき、付き合ってくれなかったの？」

彼女は、ゆっくりと、言葉を探すように話し始めた。

「あなたのことは好きだった。でも私……、男性とお付き合いをしたことがなかったから。恋人になった後、男の人と体を重ねることが、どうしても怖くて……」

私は、言葉を失ってしまい、行き場のない感情に襲われた。

3年後、同窓会で再開したとき、彼女は激やせして、骨と皮だけの姿になっていた。原因は定かではないが、風の噂では私が原因とも聞こえてきた。私はどこかで、大切な選択をまちがえてしまったのだろうか？

——（50代・男性）

## かつて好きだった人が、激やせしてしまった

彼女

# 付き合っていた女性が失踪してしまった

私は30代のときのことだ。お酒を提供するラウンジのようなお店で、20代のバツイチの女性と親しくなった。振り返ってみると、私はどうやら影のある女性に惹かれるきらいがあるようだ。

彼女は、人恋しさからなのか、自分の部屋があるにもかかわらず、私の家にいりびたるようになった。1週間帰らなかったときは、流石に私の方がストレスがたまって帰らせたほどだ。とにもかくにも、そんな半同棲のような日々を送っていた。

私と親しくなった後、彼女は水商売のお店を辞めて、海外ブランドのアパレルのお店で働き始めた。ひいき目にみても、彼女は販売員としての才能はなかった。会社員だった私は、彼女のいるお店で、給料のかなりの割合を洋服に費やした。そんなかいがいしい応援も空しく、成果主義の外資系のお店で、彼女は生き残る力はなかった。会社が買収されて、経営陣が変わったタイミングでクビになってしまったのだ。

## 失踪した彼女を、探すべきだったのだろうか

仕事を失うのと同時に、彼女は私の部屋に訪れることがなくなった。電話も通じず、連絡がとれなくなった。このとき初めて、私は彼女の自宅の住所を知らないことに気づいた。思えば、彼女のふるさとも、離婚した旦那のことも、一度も聞いたことがなかった。私は自分という人間が、ほとほと他人に興味がないのだということを、思い知らされることとなった。

私には結婚願望はなく、彼女との将来について話し合うことはなかった。厳密には、告白めいたことさえなく、付き合っていたのかどうかさえわからない。彼女は、私との将来がないことを悟り、去っていったのだろう。ふとした瞬間、彼女は私が探すのを待っているのではないかと思ったこともあった。興信所に頼むなり、探す手立てはいくらでもあっただろう。**しかし結局、私は失踪した彼女を、探しはしなかった。**

50歳となった私は、何人かの女性と交際はしてきたが、いまだ独身だ。あいかわらず結婚願望はないが、もし仮に結婚していたとするならば、彼女だったのではないかと、今もふと思うことがある。

——（50代・男性）

彼女

# Facebookで知った元カノの訃報

SNSのおかげで〝もう二度とは会わないだろうけれど、過去の一時期に親しくしていた人の近況〟を知ることが増えました。フィードにあがってくるそんな彼らの個人ニュースはポジティブなものがほとんどながら、なかには悲しい出来事もあります。例えば、僕は学生時代に2年ほど付き合っていた元カノの急逝をFacebookで知りました。共通の友人の投稿で知らされた〝過去の一時期に親しくしていた人〟の訃報に唖然《あぜん》としました。

自分は現在42歳。彼女と恋人同士だったのは20年以上も前のことです。まったく未練はないし、日常で彼女と過ごしたことをふと思い出すような瞬間もありません。昔付き合っていた女性というだけです。それでも亡くなったと知り、ひと呼吸して、僕が思ったのは**「もう一度ぐらい、話す機会があってもよかったんじゃないか」**でした。

## だけど、それでも、やっぱり、もう一度ぐらい話せたらよかった

別れてから一度も会いたいなんて思ったことなかったのに、変な話です。それに、もしも生前の彼女と話す機会があったとして、何を話せばいいのでしょう？　わかりません。当たり前ですが、他人となった彼女と共有したいことも、伝えたいことも、何もありません。きっと、彼女もそうだったと思います。僕が彼女のことなんてどうでもよかったように、彼女も僕のことなんてどうでもよかったはずです。

だけど、それでも、やっぱり、僕は死んだ元カノと「もう一度ぐらい……」と考えることがあります。家族や親しい友人でなくても、自分の知っている人が亡くなると、こんなふうにぼんやりとした後悔が押し寄せてくるんですね。

——（40代・男性）

恩師

# 私をずっと勇気づけてくれた大人

「こんちはっ！」

甲高い声でいつも現れるその方は、野球選手としてもかなりのキャリアをお持ちの大学野球部に出入りするスポーツ用品店の人だった。

私の大学野球生活にはいい思い出があまりない。素晴らしい仲間には恵まれたし、そこで出会った方々は今も大切な存在であることに違いはないのだけど、ここで一旗あげると意気込んだ野球そのものの結果がとにかく散々だった。

投手として一年生から試合には出ていたものの、思うようなボールが投げられない、試合をうまく作れない日々、挙げ句の果てには故障や交通事故で利き腕を負傷して一年近く投手ができない状態。

そんな状況でもなんとか虚勢を張って毎日目標に向かって進んでいたものの、この実情に冷ややかな周囲の目も感じるし、私本人も心の奥底ではその目標を達成する自信もなかった。

そんな時代を支えたのは、いつも一貫した勇気付けの言葉の数々。「絶対いいものもってるからさ！」「必ず上でもやれるよ！」「この間のあのボールは良かったよねー！」。スポーツ用品を滅多に買わない私にも、四年間一貫して勇気付けし続けてくれた存在がこの方だったことを今あらためて思い出す。

大学四年生になり将来に迷っていた時も「いい投手だから！」と企業チームに紹介いただいたり、たくさんのエールをいただいた。その後社会人として働く傍《かたわ》らで、一緒に真剣に野球をプレーする機会にも恵まれた。どんなときも一貫して味方でいてくれて認めてくれる存在だった。

それから時が経ち、紆余曲折《うよきょくせつ》を噂では耳にするものの、その方とは疎遠になっていたある日、若くして亡くなってしまったことを耳にした。突然の訃報だった。

「ありがとうございます」

**私はこの言葉をこの方に本当に心を込めて真剣にお伝えしたことがあったのだろうか？**　私があれからもずっと野球が好きで、そこから生まれるご縁で人生が充実しているのも、その方の一貫した勇気付けのおかげ。当たり前のように流れていく日常の中で、その事が大きな影響を与えていたことにあらためて気づかされた。

その方には直接お伝えすることのできない「ありがとうございます」という言葉。この言葉を伝えられなかったことに後悔を感じる今。自分が目の前にいる方々を勇気付けられるように、その事で恩返しをし続けたいと思っている。

皆さんにも、本当はありがとうという言葉を伝えるべき相手はいませんか？　きっと伝えるべきは今だと思います。

——（40代・男性）

## 「ありがとうございます」の言葉を、心を込めて真剣にお伝えできなかった

## 恩師

# たくさんのことを教えてくれた貴方へ

「世の人は我を何とも言わば言え　我が成す事は我のみぞ知る」〜坂本龍馬〜

貴方はそんな方でした。

２００１年の９月12日、銀座のレストランで初めて貴方に会った時、「世の中にこんなかっこいい人って居るんだ」と、ハンサムでお洒落で、スマートで、そして、その中で見え隠れする、トンがった雰囲気に驚いたことを昨日のことのように思い出します。これまで沢山の素敵な経営者を見ましたが、貴方よりかっこいい社長をいまだかつて見たことがありません。あまりのかっこよさに惚れ込み、気づいたら妻と当時年長の長男、年少の長女を東京に置き、静岡に単身赴任をしていました。その時は、結局13年半も一緒に仕事をさせて頂くとは思いもしませんでした。

貴方からたくさんのことを教わりました。
「いいかい、宮崎君」。
貴方が僕に何かを伝えようとする時、話し始めはいつもこのいいまわしでした。「いいかい、宮崎君」が始まると今日はどんな話が聞けるのかなとワクワクしたものでした。そして「将来のために君にだけ教えてあげよう」というフレーズも好きでした。貴方流の帝王学をいろいろ教えていただきました。「経営者たるもの」そんなお話をよくしてくださいました。

貴方の訓示は最高でした。まるで俳優が話してるかのように、スマートで、優しく、時には激しく、魂を揺さぶられました。貴方ほど人を惹きつけ、魅了する話し方をする人にまだ出会ったことがありません。

貴方は「時流」を読む天才でした。時代を読み解き、見極め、行動に移すそのプロセスに何百回と立ち会い、圧倒されました。まさに仕事とは、こうやるんだという姿を背中で見せて頂きました。

貴方は「やってみなきゃわからない」が口癖でした。どんな優秀な奴だって先のことなんか誰にもわからない。まずはやってみることなんだと。出来るか、出来ないかじゃない。やるかやらないかなんだ、と壊れたレコードのごとく繰り返し、繰り返し言ってました。

貴方はとにかく人に気を使う方でした。大事なパーティなどの時は、お酒を飲めないのに、主催者に悪いからと、飲めないことを隠し、少し口をつけてから、瞬時に僕のグラスと取り替える。身体を壊してからは、食べられないことを周囲に悟らせないために、貴方は職人芸で僕の皿と自分の皿を取り替えてましたね。

貴方は僕によくお父様の話をしてくれました。そのお父様のお話をしている時の貴方の顔はいつも少年のようでした。僕はそんな貴方の顔を見るのがたまらなく好きでした。

思えば、貴方に褒められたことは一度もありませんでした。どんな結果を出しても、褒めない方でした。でも、貴方はいつも仕事における最大の報酬として、「次なる大きな仕事」を僕にどんどん与えくれました。失敗も小さいものから大きなものまで、沢山させて頂きました。**貴方は褒めることよりも、一番大切な報酬を僕にくれていたんだと、今だからわかります。**

最後に貴方に会った際、僕がまだやる仕事が決まっていない中で独立報告をした時、貴方は僕に「君は大丈夫。君は人を大事にするから、何をやってもうまくいくよ」と言ってくれました。その言葉で物凄い勇気を頂きました。涙が出るくらい嬉しかった。あれっ、これ、最大の褒め言葉でしたね。ありがとうございました。

貴方と何百回、何千回と見た富士山は、今日も雄大で綺麗です。　――（40代・男性）

## 独立し、成長した姿を貴方に見せたかった

恩師

# 自分に愛をくれた U社長のこと

30歳の頃、転職で大阪から初めて東京に出てきました。知り合いはほとんどおらず、職場と家の往復。忙しいものの、寂しさを伴った日々でした。仕事以外のつながりを作りたいと、興味のあった、心理・コミュニケーション関係のワークショップを探して、参加し始めました。

そんな中で出会ったのが、人材・経営コンサルタントの社長Uさん。

Uさんのオフィスに到着し、恐る恐る扉を開けると、私が一番のり！　「ワークショップに申し込んだ○○です」と声をかけると、「いらっしゃい!!」と満面の笑顔と、「よくきたね！」という思いを全身で表現して迎えてくれたのが、当時たぶん60歳前後のU社長。「どうして参加しようと思ったの？」という問いに、東京に出てきた経緯と、「知り合いがいなくて、なんだか心もとなくて……」と伝えると「じゃあ、僕が、東京で最初の友人になろう！」と、おもいっきりのハグ。
初対面の人からのハグはびっくりしたものの、U社長の温かさ、明るさと思いやりに、救われた気がしました。
そのあとも、U社長は、何かと気にかけてくださって、いろんな方をご紹介してくださり、つながったご縁もいろいろとありました。U社長は、私の東京での生活の心の支えとなりました。

そして、私が、東京の生活にも慣れ、忙しくなってきたある日、共通の知り合いから、U社長が入院されたという連絡が……。「大丈夫ですか？」とメールでご連絡すると、明るい語調で、むしろ「元気にしているか？」という、私を気遣ったり、励ましてくれるメールが。お見舞いに行きたいなと思いながら、当時はとても忙しくなっていて、「退院されたらまた会いに行こう」などと安易に考え、メールのやりとりだけが続いていました。

しばらく後……、U社長が亡くなられたという連絡が入りました。U社長は、ガンだったそうです。メールでのお礼は何度もしていたものの、いちばんお世話になった人なのに、どうしてちゃんと病院にお会いしに行かなかったのだろう……という後悔でいっぱいになりました。

でも、U社長のお葬式。普通のお葬式でなく、集まった人たちが、音楽を披露したり、みんなで歌ったり。高齢の方から、若い方まで、みなさんそれぞれに、明るく、前向きに、U社長にお礼を伝えられていました。U社長は、多くの人にたくさんの愛を伝えてきた人なのだと実感できる時間でした。

直接会って、お礼ができないままに、お別れになってしまったことが、とても悔やまれるとともに、**「いただいた愛を、他の人に伝えていく」ことが私にできる恩返しと思うようになりました。** 50を過ぎた今でも、U社長は私の心に生き続けてくださっています。

——（50代・女性）

## いちばんお世話になったU社長に、病院にお会いしに行けばよかった

仲間

# 「天国で君に逢えたら」聞いてほしいこと

「余命宣告受けながら小説を執筆　元プロウインドサーファー　飯島　夏樹さん（38）」。スクラップブックを開くと、2004年夏に私が記者として書いた記事が出てくる。今も見るたびに後悔の念に駆られる。

きっかけは1枚のプレスリリースだった。週末の「人もの記事」にちょうどいいとの思い付きから取材を申し込み、築地のがんセンターへと向かった。

「いいボイスレコーダーですね」。大きな身体を病床に横たえた夏樹さんは、そんな言葉で出迎えた。南国の海を思わせる透き通るような笑顔は今も忘れられない。鳴り物入りで水泳部に入りながら「シロナガスクジラ君」と馬鹿にされた高校時代。沖縄から湘南へと海を渡り歩き、世界レベルのサーファーとして開花するその後。度重なる挫折を乗り越えた波瀾万丈の人生に引き込まれた。そして余命半年を告げられる場面。「風は自分の言うことを聞かない。それに従うしかないというのを訓練されてきた。

わりとすうっと受け止められた」。すごい内容を淡々と語る姿に衝撃を受けた。「中山さんの挫折って何ですか」。取材の合間にふと聞かれた。ついつい、数年前の仕事上の経験を打ち明けてしまった。取材の枠を超えた「語り合える仲間」という感覚がじわじわと高まるのを感じていた。

取材後、夏樹さんはハワイへと移住した。「この人をもっと知りたい」「友達になりたい」。そんな思いからメール送ろうとパソコンに向かった。しかし、うまく言葉が出てこない。一方で「闘病中に無用な負担になる」「1回しか会っていないのに厚かましくないか」などの躊躇《ちゅうちょ》もあり、結局送れずじまいだった。

翌年の3月、夏樹さんの訃報が新聞に掲載された。テレビでは生前のドキュメンタリーも放映された。**「やはり思いを伝えるべきだったのでは」と悔やむばかりだった。**

あれから15年。夏樹さん。いまだあなたに追いつける挫折を経験できていません。ただ、人並みな苦労や悩みは絶えませんが。そんな話でもよければ、ぜひ聞いてください。作品のタイトルをかみしめています。「天国で君に逢えたら」

――（40代・男性）

**「この人をもっと知りたい」。その思いに従うべきだったのかもしれない**

先生

# 亡き恩師の言葉の「真意」

中学時代の恩師の話。当時、僕の学校は竹刀を持った上級生が授業中の廊下を闊歩《かっぽ》したり、校庭をオートバイが走り回るような、いわゆる「荒れた」学校だった。

新たに赴任したM先生は、そうした問題校をいくつも立て直してきた実績のある先生だった。教科は「国語」で、学活では、僕たちのことをいつも「諸君」と呼んだ。「ステレオタイプの人間になるな」「イジメは弱虫のやること」「生んでくれた親への感謝を」など、毎回違うテーマの手書きのプリントを配っては、「諸君は」と熱く語りかけた。その姿は、さながら「金八先生」のようだった。

ある日の宿題で「読書感想文」を提出したら、「君は想像力豊かだね」と褒められた。「読んでもいない小説の感想文を、想像だけで良く書けてる」と。巻末の「解説欄」を参考に想像してまとめた事実を、先生はいとも簡単に見抜いていた。今まで出会った先生とは全く違う熱量と洞察力を持ったM先生に、僕はすっかり取り込まれた。

## なぜ先生は「君は立派な官能小説家になれるよ」と言ったのだろうか？

やがて卒業式を迎え、M先生から「将来の夢」を聞かれたので、僕が「小説家になりたい」と答えると、「君は立派な官能小説家になれるよ」と先生は微笑みながら別れの握手を交わした。「小説家になれる」と言ってもらえたことが嬉しくて、僕はその理由について、それ以上追及しなかった。

卒業式から数年後、先生は食道癌で亡くなった。煙草と教壇に立つことは、死ぬ直前まで止めなかったようだ。今思えば、M先生は何故あの時普通の「小説家」ではなく、「官能小説家」と限定したのだろう。もし先生が生きていたなら、あれは本心だったのか冗談だったのかも含めて、その真意を聞いてみたい。**「小説家」になる夢は未だ道半ばではあるけれど、大切な人の話で「気になった言葉」は曖昧にせず、確認することが大切だと思った。**本人が亡くなってしまったら、その「真意」は二度と聞けないのだから。

――（40代・男性）

先生

# 「失敗は成長の種」の言葉をくれた担任

その方は小学校3年生の時の担任の先生でした。

先生の年齢は当時27歳くらいで未婚。若くて体力もあり、とにかく元気。九州弁訛《なま》りで人懐っこい印象の先生でした。

学校の先生で初めて殴られたのが、その先生でした。叱られた理由は、私が時間を守らず、休み時間を過ぎても校庭で遊んでいたから。約束を守らないと叱られるということを教えてくれたのも、その先生が最初でした。マラソン大会で優勝できなかったからと叱られたり、今思えば理不尽なことで叱られることもあった気がしますが、一方でその先生にそそのかされてクラスの委員長になったり、生徒会に立候補したり……とみんなをまとめる楽しさを教えてくれたのも、その先生でした。

4年生が終わるとクラス替えがあり、担任の先生も変わることになりました。お別れ会があり、先生は生徒一人ひとりに対して短冊に言葉を書き留め、手渡してくれました。私の短冊には「失敗は成長の種」と書かれていました。先生は「失敗する事は悪い事じゃない。もっともっと失敗を恐れるな」と教えてくれました。

その時は何を言っているのか意味がよくわからなかったのですが、社会人になりふとした時に、失敗することに対して異常な嫌悪感を抱いている自分に気が付きました。失敗は悪い事だと。その時、急に小学生当時の記憶が蘇《よみがえ》り、あの時先生はまだ小学生であった私の性格をしっかり理解し、アドバイスをしてくれていたんだなということを悟りました。その後、小学校の同窓会があり、別の先生たちとは再会できたのですが、先生の消息はわからず、お会いできませんでした。

**もしもお会い出来たら、なぜ私の性格をしっかり把握できたのか、どんなエピソードからそう感じたのかを聞いてみたい。**社会人として仕事をしていく中で、部下やお客様の性格をしっかり読み取ることが出来たら、その方をより幸せに出来るんじゃないかと。もしかしたら、もう会えないのかもしれない。でも、もしかしたら会えるのかもしれない。あきらめずに先生の消息を調べたいと思っています。—（40代・男性）

## 小学校の恩師に「なぜ自分にその言葉を贈ってくれたのか?」と聞いてみたい

先生

# 発明人の狂気

芸術系の大学を出て作品制作をしながらサラリーマンをやっていたころに出会った一人の研究者の方との濃密な数年間のお話。

研究者？　発明家？　狂人？　ある分野の大学生が学ぶ教科書に今でも名前が記され、現在は世界的な大企業が発明されたとされる医学治療の歴史においても欠かせない礎《いしずえ》的な構造体の器具を作り出した男性の話です。

私がはじめてお会いしたのは、まだ社会経験もなく、しかも専門分野でもない光工学機器の開発の現場でした。大手メーカーから発注された要望を難なくこなし更に高性能に利用できるようにと、日々研究されていました。

お題を余裕でクリアできる性能のプロトタイプが無造作に段ボールに押し込められているのを横目に見ながら、「これ持っていっていいよ」の一言をもらえるまでひたすら夜中、朝方まで待った思い出があります。

## 「先生にとって『美しい』ということは？」と聞いてみたかった

ある日、その方はウイスキーを片手に「キミ絵を描いているのでしょう？　だったら光についてわかっているよね？」と声をかけてくださるようになり、それから製品のコンセプトを直接ご説明いただいたり、「説明はキミがするように」とだんだん信頼されるようにまで。

光工学のレンズの図面や、回路設計図を眺めながら、

「どうだ。美しいだろう」

と誇らしげに見せていただいたあのころ、なぜ、

**「先生にとって美しいということはどういうことなのですか？」と、聞かなかったのだろう……**と、今でも後悔しています。

理系でよく言われる、数式の美しさ、回路設計の美しさ。

「それは真理ってことでしょうか？　仏教の曼荼羅《まんだら》が美しいと思えることと一緒のことなのでしょうか？　先生」

と、いまでも時々、その質問を聞いてみたいと願っています。　――（50代・男性）

先生

# 馬とラーメンと宴会

腕前はいっこうに趣味の域を出ませんが、馬に乗りはじめて25年ほどが経とうとしています。私の地元でもある茨城県の乗馬クラブ「ヨシザワライディングファーム（ＹＲＦ）」に所属してもうすぐ20年になります。

ＹＲＦの創始者である吉澤貴先生は２０１２年に病気で亡くなりましたが、今でもことあるごとに先生のことを思い出します。……と書くと、馬に乗っているときの技術的なアドバイスを思い出す、ということのようですが（もちろん、それもありますが）、私が日常的に先生のことを思い出すのはなぜかラーメン店。

２００６年のことだったか、それよりも前のことだったか、クラブのみんなで群馬県まで試合に行ったときのことです。温泉に泊まったのですが、広間で食事、温泉街にくり出してみんなで射的、宿に戻ってラーメンコーナーへ、というフルコース（笑）。出てきたラーメンを前にした吉澤先生が、みんなに「ラーメンは何から食べる？」と聞くので「うーん、今日はスープですね」と答えたら、ものすごくうれしそうに「そうだよね！　ね！」という先生。

それ以来どういうわけか、ラーメンを前にすると、このときのことを思い出すのです。**先生が亡くなってからは「先生、今日もスープからです」と、なんとなく胸の中で報告しています。**そのたびに、先生が覚えていてほしいのはラーメンのことじゃないような……、と思うのです。

普段練習しているとき、試合の出番前、出番後……教わったことはたくさんあって、それはもちろん覚えていますが、もっといろいろ聞けばよかったのかな、と思ったり、いやでもそのときの私に理解できてその後も実行できることを教えてもらっていたんだ、と思ったり……。聞いて答えてくれなかったことは一度もない先生ですが、あのときの私がもっと話をしたかったな。先生、ラーメン屋で思い出されて苦笑いしていそうです。

――（40代女性）

## 常日頃から、先生にいろいろ聞いておけばよかった

先生

# 親愛なる前田先生へ

近頃よく前田先生の顔を思い出す。
あの驚いてそのあと寂しそうに笑った顔だ。

私が神奈川県のある町に引っ越したのは小学校5年生の時。神奈川と言ってもまだ周りに田んぼが多く、少し車で走れば清流が流れ、見上げれば丹沢山地があり子供たちは神奈川県と思えない独特な話し方をする。そんな町だった。

横浜市から引っ越しをした私は少なからず衝撃を受け、また小学5年生という微妙に自我に目覚める時期でもあり、最初はなかなか地元の子供たちに馴染めずにいた。

担任になった前田先生は学校のヒーローで授業は面白く、運動会でもとびっきりの運動神経で子供たちは皆、前田先生が大好きで、いつも取り囲んで周りに笑い声が絶えなかった。

そんな私を前田先生は少なからずどころか大いに気を掛けてくれて、授業中でも休み時間でも放課後でも兎《と》に角《かく》、もの凄く声をかけてくれた。その頃はすっかり環境にも慣れた私に友達たちは「しんちゃんは前田先生に贔屓《ひいき》されてるからなあ」など憧れが入り交じった声を掛けてくれていた。

ある日、私が得意な国語の朗読を終えたとき、前田先生が「君のその堂々とした姿勢と声が私は大好きだよ」と笑顔満面で私を褒めてくれた。背中がこそばゆい感じとクラスの視線が恥ずかしかった私はすかさず**「オレは前田先生のことほんとはキライだべえ」とちょっと茶化《ちゃか》した感じでクラスの周りを見回しながら言ってしまった。**

クラスは大爆笑になったが、前田先生は驚いてその後少し寂しそうに笑ってそのまま授業を続けた。

あれから6年生になってクラスも担任も変わって前田先生とはそれきりになってしまった。

私は現在56歳。昨年長く勤めた会社を退職して、今は小さな会社を経営しています。

前田先生に伝えたかった一言。

「私は貴方のことが大好きでした。転校したての不安な私を救ってくれました。今、私があるのも前田先生が担当で支えてくれたからです。本当にありがとうございました」

何気ない、本心ではない一言。それを払拭《ふっしょく》できる機会があればどんなに救われるのだろう。

気持ちの中だけでも寂しそうに笑った顔が満面の笑顔にできるよう前田先生に感謝の気持ちを持ちながら、私は今日も前を向いて歩いていきます。――（50代・男性）

## 前田先生に、本心ではない一言を言わなければよかった

先輩

# ある日「もう限界」と言ったA先輩

新卒入社した会社で同じ部署に配属になったAさんは、都内有名女子短大卒の当時のイマドキな華やかな女の子だった。それに対し私は、特技といえば多少外国語ができるだけの地味な20歳の新人だった。入社後すぐにAさんは私に急接近し、彼氏の話やグルメ、ファッションの話をたくさんした。人懐こく可愛らしいAさんは先輩や上司からも好かれており、なぜ私のようなぱっとしない人間とAさんが仲良くしたがるのか、正直わからなかった。

数ヵ月後、私は同じ部に配属された男性総合職の同期と付き合うようになった。でも、同じ部内の同期同士の社内恋愛、他人に干渉されたくない気持ちから周囲には秘密にして付き合っていた。

Aさんは私のすべてを知りたがり、週末にあった出来事などを根掘り葉掘り聞いてきた。最初は当たり障りなく答えていたが、しばらくして答えに窮し、合コンで出会った新しい彼氏ができたが多忙であまり一緒にいられないなどと、現実とは違う架空の彼氏を作り上げた。Aさんは疑いもせず、私と彼氏の相性や、他の人との出会いなどを面白おかしく笑い合い、私たち2人の間の虚構は次々と作り上げられていった。

それから約3年間、私とAさんはほぼ毎日昼食と休憩を一緒に取り、たまに飲みに行った。でも、本当のことを話した方が良いのではないかと何度思ったかわからない。苦しかった。でも、話さなかった。彼氏のことだけではない、私の本当の気持ちを話すことはなかった。私はAさんを信頼していなかったのだ。こんなに自分と違うタイプの人、分かり合えるはずがないと思っていた。

でも、ある日Aさんからのメールを受信した。「もう一緒にお昼食べるのやめよう。もう限界」。当時、彼女が話す空っぽな話題に私は興味を失い、Aさんも同じだった。私たちの間に友情はなかった。その後、Aさんは特定の仲良しを作ろうとはせず、部内の既存の女子グループにも近づかなかった。私たちは完全に決裂した。

Aさんをどれだけ傷つけただろう。**Aさんは、私が隠していたさまざまな出来事を彼女に打ち明ける日を長い間待っていたかもしれない。**いつまでもAさんを信頼しない私に対し、限界を感じて去っていった彼女を責めることなどできない。私は彼女に対して圧倒的な劣等感があったのだろう。**本当の自分を見せないことで、自分を守っていたのだ**。空っぽなのはAさんではなく、私だったのだ。

それから私は会社を辞め留学した。苦い経験を経て、友情とはお互いに慈しみ育むものだ、ということを学んだ。自分をさらけ出すには勇気が必要だ。だが、信頼関係があれば、多くのことは優しさを持って受け止められ認められるだろう。それが友情の力なのだ。

その後Aさんと再会する機会は未だに無い。ただ時々心の中で彼女を思う。Aさんを通して学んだことはこれからも忘れない。

——（40代・女性）

## 相手に本当の自分をさらけ出してもよかったのかもしれない

先輩

# アシスタントディレクターを辞めたこと

就職氷河期と言われた時代、何とかテレビ番組制作会社に入社した僕は、いつかは観る人の記憶に残るような作品を手がけたいと大望を抱いていました。

そのディレクターと出会ったのは入社間もない頃でした。ADとして彼の下につき、ドキュメンタリー番組の撮影に参加しました。海外のサッカー選手が試合後、ビールジョッキをかち合わせ祝杯をあげるシーンの再現撮影をすることになり、ジョッキを買いに走らされました。寸胴《ずんどう》なジョッキのイメージを伝えられたのに、僕はそれを無視して細身のグラスを購入しました。雑貨店の店長に本場では寸胴な物は使わないと教えられたのです。

会社に戻り彼に事の次第を説明すると、見る間に顔色が変わり「お前の仕事は俺のイメージを実現することだ。勝手な判断をするな」と一喝されました。自分の気遣いが否定され頭に来た僕は、謝りもせずに会社の裏に行きグラスを叩き割りました。忙しさから月の半分も自宅に帰れない日々で溜まった鬱憤《うっぷん》も噴き出したのだと思います。

何事もなかったように戻ると、彼がやって来ました。怒鳴られるに違いないと身構えていると「お前がもし芸術家になりたいなら、すぐに辞めた方がいい。俺たちは営業マンと同じなんだ」とだけ言って立ち去りました。**テレビ番組をつくる仕事が特別なことではなく普通の生業と変わりないのは当然です。しかし、当時の僕には彼の言葉の真意が分かりませんでした。**

その後、僕は会社を辞めテレビとは異なる表現の仕事をするようになりました。作品を多くの人に知ってもらうために、自ら作品を携えて営業活動もしました。そこで分かったことは芸術家であっても営業マンであるということです。

経験を積むことでしか分からないことがあります。後になって彼の思いを理解できた僕は、謝れなかったことを後悔しました。今も彼の名前をテレビで見かける度に、表現者の心構えを教えてくれたことに感謝の言葉を投げかけています。

（40代・男性）

## 自分に言ってくれた思いや意味を理解し、謝れればよかった

先輩

# 職場の「戦友」Aさんのこと

私が入社して3年半たったとき、当時の東京本社から、中国地方にある工場に転勤になりました。

1996年の9月のことです。そこで私は、生産工程管理関連の仕事に従事することになりました。そのときに、一緒に働いていたのが、私より一回り以上年齢が上のAさんという女性です。

Aさんは、見た目も言葉遣いも態度もすべて豪快な方です。昼は、工場の現場あがりの係長や課長さんにも物おじせずはっきりものを言い、夜はビールをぐいぐい飲みながら焼肉を食べていました。

私とも、朝から晩まで一日中よく（熱く）互いに議論しました。正義感に富み、仕事への情熱がすばらしく、「熱血」という言葉があてはまりました。言葉は粗野で、表現や態度も不器用な方で、仕事相手の方と対立することも多かったですが、本当に頼りになりました。いろんなトラブルをともに乗り越え、私はAさんとは、職場の同僚や仕事上の「パートナー」というより、性別も先輩後輩も関係なく、「戦友」に近い関係でした。

そんな存在感抜群の彼女でしたが、自分の家の住所や、土日の行動に関しては、とにかくびっくりするぐらい話したがりませんでした（当時は連絡網を兼ねて住所録、連絡先を職場単位で管理しているのが当たり前の時代でした）。

あとAさんは常々、「Bさん（私）、あんた将来偉くなってもこの工場にかえってこんでもええけえ、この会社をもっとよくしてくださいよ」と言ってくれていました。これは、私だけでなく、これまで一緒に仕事してきた人全員に言っている彼女なりの激励の言葉だったと思います。ただ私は、日々の彼女との会話で少しだけ彼女の性格も理解していると思っているだけに、この言葉に不思議な響きも感じました。彼女なりの優しさで本気で激励してくださっている反面、性別や学歴かを理由に、何かを「達観」しているような響きでした。私は3年間の勤務を経て、1999年7月にその工場を離れました。その離任の数日前にふと、彼女が私にいってくれた言葉もこの言葉だったことを覚えています。

やがて、数年後、「Aさんが、体調を少し壊したが、無事に会社に復帰した」との一報を耳にしました。こういうときにありがちですが、私は、**「復帰されて何より」と彼女に簡単なメールだけ入れ、それ以上連絡をとって病状を詳しく聞く等をしませんでした。**あまりご自身のプライベートを語りたがらなかった彼女に気を遣った面もあります。

そしてそれから数年後、私がその工場を離れ、まだ10年も経たないうちに突然Aさんの訃報が届きました。膵臓癌で、大変な数年間の闘病生活だったことを伺いました。通夜の席でAさんの知り合いという女性が声をかけてくださり、「A姉さんが最期まで何度もB(私)さんに会いたいと言うてました。でも自分の病気のことを知らせると、お見舞いにきたりして仕事の迷惑がかかるから絶対に言ってくれるなと言われとりました」と、涙を流されながら、闘病中の様子を教えてくださいました。私は、そんな辛い闘病生活の中で、最後まで人への気遣いを忘れないAさんらしいなと思いながらも、その言葉を聞き、本当に大きな後悔に襲われました。

「なぜ、もっと自ら彼女の病気のことを詳しく聞き、見舞いに行かなかったのか？」**私は今も、大病で闘病されている方との距離感にときどき悩んでいます。**大病で辛く、苦しまれている方に、お見舞いという形ででも是非お会いさせていただきたいと思う一方、そういう辛い部分を見せることをよしとせず、お見舞いを嫌がる方もいるかもしれないと思いすぎることです。

Aさんが亡くなられて、更に10年以上が経ちました。今の激動の世の中や会社の状況をみて、情熱的で、感動屋のAさんはどう思われているか？　そして当時のご自身の本当の夢は何だったのか？　この企画に声をかけていただき、Aさんを思い出し、今あらためて聞いてみたいと思いました。

――――――（50代・男性）

## なぜ自ら彼女の病気のことを詳しく聞き、見舞いに行かなかったのか？

先輩

# 兄貴のような存在の彼に

彼と出会ったのは今から20年以上も前のことです。

当時貧乏学生だった私は、小遣い稼ぎのつもりで麻雀荘に入り浸っていました。そこで知り合ったのが彼です。卓を囲む際、真っ直ぐに手を進める姿勢と負けても屈託なく笑う姿に惹かれ、そこでは知らない人と会話をしない私が、なぜか自然と話しかけていました。それ以来お互いの家を行き来するようになり、食事をしたり遊んだりする中で兄貴のように慕う存在になっていました。釣ってきたスズキを料理してもらったり、バイクで少し遠くの海を見に行ったり、とても楽しい日々を過ごしていました。

そんな彼がある日新しい事業を立ち上げる話をしてきました。私は学生のためその会社に勤めることはできませんでしたが、時間の許す範囲で事務所に寄り、お手伝いをしていました。その中でたまたま私が作ったチラシがお客様のご好評を受け、商品が飛ぶ様に売れるようになったのです。今でも彼の感謝の言葉と笑顔は忘れられません。私でもお役に立つことができた、そのことだけで本当に嬉しく思えました。

しかし幸運はそんなにながく続くものではなく、共同の経営者に会社のお金を持ち逃げされてしまうという事件が起こったのです。彼は八方手を尽くし金策に回ったのですが上手くいかず、会社をたたむことになったのです。彼の家で共に炬燵《こたつ》に入り、寝転びながらぼんやりしているとき、**「おれ、この仕事やめにしようと思う」とぽつりと話された言葉に私は「そうですか……」としか答えられませんでした。**何か次の言葉を探そうとしているときに「じゃ、寝るわ」と言って彼は向こうの方に寝返りをうったのですが、きっと年下である私に涙を見せたくなかったんだと思います。

その後しばらく経って、彼は個人で新たに同じ仕事を始めました。私も彼の新たな再スタートを心から喜び、「今度は全力で支えよう」と思っていました。

その1ヵ月後、彼は心不全で息を引き取りました。

あまりのことに私は数ヵ月ほど上手く感情を表現することができませんでした。笑うことはもちろん、何かに心を動かしたりすることもなく、ただあてどなく夜の街をさまよっていました。

ある日彼の写真を手にした時、堰《せき》を切ったように涙が止まらなくなりました。

「こんなに近くに居たのに何もしてあげられなかった」

「近くに居ることに甘えて感謝の気持ちを伝えることができなかった」

そう思ったのです。

――――（40代・男性）

近くに居たのに、感謝の気持ちを伝えず、何もしてあげられなかった

先輩

# ある絵描きさん

年末恒例の大掃除で、探していた絵ハガキを見つけた。頭の片隅で「どこにいったのかな?」とずっと気になっていた物だった。微笑む私の顔の絵ハガキ。描いてくれたのは、絵描きの○さんだった。

○さんとの出会いは、私が会社の仲間と2人組のユニットを組んで、ソーシャルメディアでイラストを投稿し始めた頃だ。あるとき、○さんからソーシャルメディアのダイレクトメッセージが届き、私たちの絵をとても好きだと言ってくれた。そこから主にネット上で○さんとの交流が始まった。

○さんとは2回だけ呑みにいった。大柄な優しい目をした初老のオジさんで、とても嬉しそうに絵の話や自分の話をしてくれた。それ以降、○さんは一定のサイクルで呑みのお誘いをしてくれた。けれども当時、仕事と私生活に余裕がなかった私たちは、ひと回り年上で時間に余裕のありそうな○さんのお誘いを、それどころじゃないと断っていたのが事実だった。

ハガキに似顔絵を描いてくれたのは、2回目に呑みにいった時だった。新宿にある○さんおすすめのバーで、突然、ペンとハガキを出した○さんは、大胆なタッチであっと言う間に描いてくれた。「こんどお2人と一緒に絵を描いてみたいな〜」と言いながら、ちょっと照れくさそうに渡してくれた。

○さんからの連絡がパタリとこなくなって、なんとなく見たソーシャルメディアの○さんのページ。そこには、○さんの訃報のお知らせが載っていた。

○さんと知り合ってから○さんが亡くなってしまってからの数年、あっという間に時が過ぎ、自分もそろそろ出会った頃の○さんの年齢に近づいて来ると、すこし○さんの気持ちが分かってきたような気がする。

## 3人で呑みながら一緒に絵を描きたかった

事務所で絵を描いている最中に少し手が止まる時、ふと「こんどお2人と一緒に絵を描いてみたいな〜」という○さんの言葉を思い出す。3人で呑みながら一緒に絵を描いたら、それは、それは楽しいだろうなと、機会を逃した事が悔やまれる。

**もし、○さんにもう一度会えたら「一緒に描いて欲しいのはこちらですよ、○さん」と敬意を込めて伝えたい。**

絵ハガキから、こちらに向かって微笑む女性は三十代の若い私。○さんが生きてたとしたら、今の自分を描いてもらいたいと思う。

今でも同じ様に微笑んでいるのかな?

——————（40代・女性）

先輩

# 聞けなかったF先輩の決意

２０１５年の秋、Ｆ先輩が40代半ばで亡くなった。単独登山中の事故だった。

１歳上のＦ先輩とは、大学時代のサークルで出会った。彼はグループのとりまとめ役として、誰からも好かれていた。ただ、正直なことを言えば、私は大学時代、Ｆ先輩のことが少し苦手だった。サークル活動にいそしみ、バイトでもしっかり稼いで、なのに成績はほとんどが「優」で、なおかつきれいな彼女もいる……あまりにも出来すぎで非の打ちどころがない優等生のような気がしたから。

そのＦ先輩と、卒業以来20年近く経って再会した。大学サークルの同窓会を機にＦ先輩がＯＢ・ＯＧに声がけをして大人のランニングクラブを結成し、私もそこに参加するようになった。私たちは月に１回ほど集まり、夜走ってから飲むようになった。

久しぶりに再会したＦ先輩は、人当たりがよく、誰にでも人気があるところは変わらなかったが、大学時代の印象とは大きく異なり、奥行のようなものが感じられた。

## 「なぜそういう生き方をしようと決めたのですか？」と聞けばよかった

F先輩は、自分の境遇をぼやいたり、自分をオチに使って笑いをとることはあったけれど、決して愚痴を吐いたりはせず、他人の悪口を言わなかった。私が知り得る大人の中に、そんな人は皆無だった。**F先輩は、自然とそうなったのではないはずだ。ある日あるとき何かを機に自らルールを課し、「残りの人生をこう生きていこう」と固く決意したに違いなかった。**私は、その生き方に憧れを抱き、尊敬していた。そして、いつか「F先輩は、いつ、どんなことがきっかけで、そういう生き方をしようと決めたのですか？」と聞こうと思っていた。でも、それは叶わなかった。

F先輩の通夜には、たくさんの人たちがやってきた。たしか500人以上はいたと思う。その誰もが、単なる仕事の付き合い、肩書き上の関係ではなく、F先輩という個人を偲び、感謝するために来ていたように感じた。

「なぜそういう生き方をしようと決めたのですか？」という質問は、残念ながらF先輩にできなかった。その代わりに今は、何か苦しいことがあるといつも「F先輩ならこんなときどうしますか？」と心の中で聞くようにしている。

――（40代・男性）

上司

# 工場長についた嘘

大学卒業後、製造業で工場管理スタッフとして品質管理や新商品立ち上げのリーダー業務に取り組んでいた。設立3年の工場はバタバタ。新卒の私は先輩も居ない中、創意工夫で業務を取り組む日々を送っていた。そんな中で高専から叩き上げで最年少工場長になったという新しい工場長が就任した。厳しい人ではあったが、考え方は手本になり、間近で多くのことを学んだ。

一方、私は以前よりITコンサルの業務に興味を持ち、転職への気持ちが強くなっていた。しかし当時は大卒の若手が辞める例はほぼ無かったので、絶対に引き留めにあうと感じていた。あの工場長を説得できる自信はない。でもとにかく辞めたいという気持ちが強かった私は工場長に意を決し、「大学時代に諦めた教師になりたい。大学に入り直したいので会社を辞めたい」と伝えた。**工場長は大学に対して特別な感情を持っていたのは知っていたので、これしかないと考え抜いた嘘の理由だった。**予想通り工場長は理解を示してくれ、すぐに具体的な引継ぎ等への話にシフトした。

その後の日々の中でどこか寂しさも感じていたが、晴れやかな気持ちの方が強かった。しかし、辞めた後もずっと心に引っかかるものがあった。それはお世話になった人に対して〝嘘〟をついたことであり、いつかは真実を言わなければという気持ちをずっと持ち続けることになる。

数年後、ITコンサルタントとしてプロジェクトを成功した後で工場長にメールをした。今何をしているか、当時本当は転職したかったが、正直に言う勇気がなかったこと、嘘をついて申し訳ないと言う気持ちを。工場長は「メールありがとう。工場も改革が進み変わったので、遊びにきてくれ」と返信をくれた。この返信を見て胸の支えが取れたのはよく覚えている。

ただ、その後工場には行っていない。やはり自ら人間関係を壊すような〝嘘〟をついた人間として行けなかった。二度と繰り返さぬよう、この後悔と共に正直に生き続けていきたい。


（40代・男性）

## お世話になった上司との人間関係を壊すような嘘をつかなければよかった

同僚

# 命の時間を感じていた彼の言葉

同僚は何を言いたかったのか?

**私が未だに後悔していることは、同僚の最後の言葉を聞けなかったことです。**

彼は、隣の部署の人で、最初は仕事での関わりだけだったのですが、お酒の好みが合うことから、2人で飲みに行くようになりました。仕事のことからプライベートなことまで、何でも話せる間柄でした。パートナーとの悩みも唯一話せる人でした。お互いに恋愛感情はなく、むしろ親友としてのいい関係でした。

彼は飲みながら、子どもが成人したら一緒に飲みたいな、それまでがんばらなきゃ、とよく話していました。本当に家族が大好きで、子どもが大好きで、家族のために働くお父さんでした。

ある日、彼からメールが届きました。しばらく飲みに行けない、体調を崩したので治ってから、とのことでした。彼を襲ったのは、末期がんで、発見したときにはもう手遅れでした。会社を休職し、治療に専念すると入院しました。
私がお見舞いに初めて行った時、彼はとても寂しそうな表情で「子どもとは一緒に飲めそうもないよ」と言いました。自身の命の時間を感じていたんだと思います。涙をこらえながら言葉を探す私に、彼は何か言おうとして言葉を飲み込みました。
それから数ヵ月後、彼は旅立ちました。

**あの時、彼は私にどんな話がしたかったんだろう、何をしてほしかったんだろう。**

飲んだ時のように、ただ子どもの話を聞いてほしかったのかもしれない、怒りや愚痴を聞いてほしかったのかもしれない。その場で飲み込んだ言葉を聞き返さなかったことを20年経った今でも後悔しています。
この後悔はもう増やしたくない、だから、今は目の前の人には、気になったことは聞いて、相手が話したいことを話せるような雰囲気づくりを心掛けています。

（50代・女性）

## 彼が言おうとして飲み込んだ言葉を聞き返せばよかった

部下

# 癖のある女性部下との衝突

私は某保険会社に勤めている。関西営業所から本社勤務となった私は、50名のスタッフを束ねるチームリーダーに任命された。全国のお客様からの保険金の請求に対応する重要な部署だ。やる気に満ち溢れていた私は、スタッフの声に耳を傾け、部署の仕事の効率化に着手した。ネックはチームの古株のリーダー補佐の女性だった。彼女は曲者《くせもの》で、なにかと敵対的な態度をとることで有名だった。押し出しの強いタイプの自分が、この役に選ばれたのは、彼女の攻略のためだろうと勝手に考えていた。

改革案を提示すると、彼女は露骨に反発する態度を示した。私は威圧的な態度で、「この改革でスタッフさんは格段に仕事が効率的になるでしょ。何か間違ったこと言ってる?」と、関西で鍛えあげた喧嘩上等の姿勢で迫った。

すると彼女は「これまでのやり方を変えると、大きなミスが発生するリスクがある」と言い返してきた。私は「それを恐れていたら、何も変わらないでしょ。万が一のと

## 部下の話にもっと耳を傾け、協力を仰げばよかった

きは、俺が全責任持つから」と応酬《おうしゅう》。黙ってついてこい、というニュアンスも込められていたかもしれない。それに対して彼女は、私よりもさらに強い口調で反論し、議論は平行線。「無理に改革を断行するなら会社を辞める」とまで彼女は言った。やがて一切話をしてくれなくなり、挨拶もしない関係に。私は改革を断念せざるを得なくなり、他部署に異動願いを出した。

私が去った後、何人ものスタッフから「Hさん、戻ってきてください。仕事がつらいです」という声をもらった。そして私を慕ってくれたスタッフたちと、リーダー補佐の女性が対立して、チーム崩壊に陥っていると聞き、申し訳ない気持ちになった。

他部署に移ったときは、私に落ち度はないと思っていたが、今は違う。**相手が誰にせよ、力でぶつかるべきではなかった。力でねじふせようとすれば、いずれ反発が返ってくる。それが自然の摂理だ。**彼女の言葉に耳を傾け、協力を求めるべきだった。それで改革が上手くいったかどうかはわからないが、少なくともチームは崩壊していなかっただろう。

——（30代・男性）

社長

# 守れなかった創業社長の言葉

私は、義務教育半ばまでは比較的成績もよく「優等生」の部類だった。しかし、両親の体裁だけを重んじる見栄の生活環境と子どもに対する接し方に違和感を覚え、中学2年ぐらいから不良の仲間に入った。何とか高校に入学するも、不良三昧の自堕落《じだらく》な日々。そろそろ不良生活に飽きてきたのと、当時の教員に滔々《とうとう》と説教を受けたのとで改心し、一年浪人して大学に入った。

しかし、両親への想いは変わらず、卒業後、自力で金融機関に勤めた。あるとき、父親の勤めていた会社の創業者社長から呼び出された。「お前を金貸しにするために親父さんに給与を払ってきたわけではない。ワシの言うことを聞いて、うちの会社に入れ」と私を諭し、さらに**「学問は裏切らない、正しい方法で正しい時間内でした努力は、結果を裏切らず、自分の希望を叶えてくれる」と言った。**その創業者社長は、大手電器メーカーを一代で築いた、歴史に名を残す昭和を代表する経営者だった。

こうして渋々、私が入ったのが、十名にも及ばない小さな関連会社で、生産、総務、営業、経理、人事、全てを担当し、様々なノウハウとスキルを身につけた。上場する時には、その会社の要職に就いていた。と同時に、「何をしても成功して食っていける」という自信を得て、独立心に火がついた。

私は、創業社長の言葉を守らず、コンサルタント会社を立ち上げ、商流の間に入り、手数料稼ぎ、不動産、金融、販売、設備、企画と、儲けられそうなものには全て手を出した。完全にブローカーである。これといったメインの業務なしに、時々に風体を変えて利益のみを追求した。お金の上に胡座《あぐら》をかき、日々闊歩《かっぽ》。ブランドものの衣服や装飾品をまとい、外車を乗り回し、向かうところ敵なし、欲望の限りを尽くした。

しかし、足元のしっかりしていない、知識も知恵も不足する私に、栄華は続かなかった。徐々に債務超過に追われ、ある取引で大損害を出し、十数億の負債を抱えた。当局にも、債権者にも追われる、恐怖と不安の日々。人生が終わった、と思った。

**私は自殺を考え、家族を捨て、消息を絶って逃げた。**路上で寝て、友達を騙してお金と車、携帯を借りた。そして最期の日に、一人で車で死に場所を探しているときに、携帯電話が鳴った。いきつけのクラブのママだった。新米のホステス時代からの付き合いだった彼女は、その器量と才覚でお店を引き継ぐ形でママに上り詰めた。「どこにいるの？　すぐに行くから待ってなさい」と、私の異変に気付いて、友を手繰り連絡をつけてきたのだ。私は観念し、彼女と会い、店に行った。当時数百万円のツケがあったので、それを請求されるのだろうと思った。

ところが彼女は「あなたにお金を催促したことある？　これまで一緒にやってきたでしょ」と涙ながらに私の体を叩いて、「みんな心配して、戻ってくるのを待っているのよ」と言った。お世話になった人々の顔が浮かび、ほおに涙が伝った。

私は、生きる覚悟を決め、破産手続きを弁護士に依頼した。袖すり合う縁でもらった企画書の仕事を皮切りに、多くの人達に助けられ、人生が開けていった。振り返れば地獄の淵も見て、天と地の両方を味わう、波乱の人生である。後悔は、創業者社長の言葉をしっかり受け止められなかったこと。勢いで会社を飛び出し、欲に溺れ、金の力を自分の力や魅力と勘違いした。今となっては、その言葉や地を這うような経験が、経営の再生・改革・改善のプロとしての根拠ある商材となり、コンサルタントとして多くの経営者に伝えられればと思う日々である。

——（60代・男性）

創業者社長の言葉を、もっと真摯に聞いておけばよかった

先人

# 北欧の地で、産婦人科医として想うこと

幼少期から現在に至るまでを振り返ってみると、ことあるごとに親が学校に呼び出されたり、家族や友人などに迷惑をかけて怒られたりした事は数知れず、毎日いや毎分反省の日々といった人生を送ってきました。

でも、不思議なことに、私は何故か〝後悔〟というものをした事がありません。過去を振り返るのであれば、悔やむためでなく、得られたものを未来に生かすための時間にしたいといつも思っています。

私が、そんな風に思うようになったのは、尊敬する歴史上の人物による影響を少なからず受けているのかもしれません。それは、ファラデー、緒方洪庵、中根桃里、そして去年急逝された中村哲先生です。皆さんがその生き様から教えて下さったのは、**「決して滅私だけでない、その先につながる想い・行動と、そこから得られる喜び」**

だと思っています。

私は何もまだ成し遂げていないので、大変おこがましいですが、もしできることならば、そんな先人たちにお会いし、聞いてみたいことがあります。それは「これからのためにできる事は何だと思いますか？」という質問です。


私は産婦人科医です。目の前の命は全力で助けます。そこには微塵《みじん》の迷いもありません。でも命はそこから続いていきます。その命がこれから織りなす人生に責任を持てるのか？　地球上には、人間だけでない無数の命があり、それらの存在が危ぶまれる中で、どのように折り合いをつけていけば良いのか？　いつも自問自答を繰り返しています。

現在、私は日本から離れて、北欧のとある研究所におり、そこで携わっている研究の中で、その答えを日々探しています。何かしらの答えに、いつかたどり着けるのか、あるいは、どこにもたどり着けないのかはわかりません。しかし、人生を終えるとき、後悔はしないように生きたいと思っています。

――（30代・女性）

## これまでの失敗を、後悔するのではなく、未来に生かしたい

先人

## ある郷土史家のこと

私は、地元の中学校を卒業後、進学、就職で故郷を離れた。定年後も海外勤務を継続、人生の大半を故郷から離れて過ごした。近年、両親の介護を機に故郷に帰ったが、あまりにも故郷のことを知らない自分に驚愕《きょうがく》し、地元の図書館を訪れ、そこで『村の歴史』という本に出会った。そこには、私の実家を含む数十軒範囲の狭い集落を対象に、古文書、古地図、古老との対話等々の資料から300年前、江戸中期以降の村の営みが書き記されている。

我が総本家の屋号が登場する延宝三年の年貢帖、宝暦五年の山林分割記録、天和三年の田畑検地帖、元禄二年の家並み図、幕末の騒動、洪水、水利争いの記録。さらには、近所の家々の系譜、住居と屋号その由来、他地域からの移住の経緯等々。この本のそこかしこに我が先祖たちの生活の証が記録されている。

近年、両親を見送り、朝晩仏壇を拝むことが習慣になり、仏壇の掃除もするようになった。明治以降の直近の先祖の位牌と別に、なんとか判読できるくらいの古い位牌があることに気が付いた。宝暦八（1758）年から昭和十四（1939）年まで実に19の位牌がある。古文書は屋号で記録されるが、位牌は個人の没年と戒名が記載される。

**この位牌の人達は、この雪深い越後魚沼の地で300年間どんな営みを続けてきたのだろうか？**

本に記載しきれなかった古文書、古老から聞き取った話、言い伝え等々、郷土史家は、更なる情報を持っていたに違いない。彼は、近所に住んでいて、子供の頃から良く知っている人で、私が故郷に帰った時は、既に亡くなっていた。

奥方はまだ健在で、私の母親のお茶呑み友達で、我が家に良く来ていた。奥方によると、郷土史家が収集した資料、原稿等は、散逸防止と劣化防止のために土蔵に収められ、漆喰で封印されて誰も見ることは出来ないとのこと。

もう少し早く故郷に帰っていたら、郷土史家からもう少し詳しく知識を拝聴できたのにと悔やまれる。

——（70代・男性）

## 実家の近所に住んでいた郷土史家に話を聞きたかった

友人

## Mちゃんへ

クリスマスが近づいてくると、毎年、Mちゃんのことを思い出します。3年前の12月、16歳のMちゃんとの突然のお別れがやってくるとはだれも思っていませんでした。

自閉症の息子、Tがまだ保育園児だったころ、放課後等デイサービスのZクラブに体験入室させてもらった日のこと。「こんにちは～」とドアを開けて、最初にわたしの目に飛びこんできたのが、当時はまだ小学生だったMちゃんの姿でした。「おとなしいお姉さん」というイメージだったかな。その後、Tが小学校にあがってZクラブの一員となると、Mちゃんは中学生になっていて、Zクラブのなかでもあまり話す機会もないまま年月は過ぎていきました。それでも、わたしのなかのMちゃんのイメージは、「物静かだけど芯の強いしっかり者で、がんばり屋さんで、下級生のあこがれ」へと、ふくらんでいったのでした。

いま、Tは、Mちゃんが卒業したF四中の1年生です。学校が大すきで、毎日楽しみに通っています。特別支援学級の生徒のための部活が盛んで、校内行事への参加もとても活発、区内の特別支援学級との交流行事も多いF四中で、がんばり屋さんのMちゃんはどんなふうに過ごしていたのかな？　MちゃんはF四中のどんなところが好きだったのかな？　Mちゃんなら、後輩になったTにどんなアドバイスをしてくれただろう？　そんなことをきいてみたかったと、今年のクリスマスはこれまで以上にMちゃんがなつかしく思い出されます。

人と人とのつながりとは不思議なものです。TがZクラブに入会した当時、わたしはこれほどMちゃんと話したいと切望するようになるとは思っていませんでした。TがMちゃんの中学の後輩になるとも思っていませんでした。わたしはMちゃんから、**ひとつひとつの出会いに意味があるということを、あらためて教えてもらった**ように思います。ありがとう、Mちゃん。

――（40代・女性）

## がんばり屋さんのMちゃんに、いろんなことを聞いてみたかった

友人

# 友人を裏切ってしまったこと

友達のKくんが、好きな女の子に告白することになりました。公園近くで待ち伏せをして、女の子を待っている間、僕は自分のことのように心臓がドキドキしました。女の子が来ると、Kくんは公園に連れて行って、大きな声で「好きです。付き合ってください」と自分の想いを伝えました。女の子も、その想いに応えてくれ、見事、告白に成功しました。まるでテレビドラマを見ているような気持ちでした。

次の日、僕は、そのことを誰かに話したくてしかたありませんでした。学校中で、僕一人しか知らない大ニュースです。でも、Kくんの男らしい告白のことを考えると、そう軽々しく話すわけにはいきませんでした。

そんなことを考えていたとき、Sさんに出くわしました。Sさんは、小学校の中でも事情通で知られています。誰が○○先生に怒られただとか、学校で起こった、いろいろなニュースをいつも話してきます。その日も、2組でけんかがあった話をしてく

れました。僕はつい思わずその話に張り合うような気持ちになって、自分がもってい
る大ニュースを、「絶対に言うなよ」と前置きし、Sさんに話してしまいました。
3日後、**Sさんは、僕との約束を破り、告白したKくんのことを、いろいろな人に話していました。**しかも、あろうことかSさんは、K君に直接、ちゃかすように語りかけ始めたのです。その様子を見ていた僕は、とてもあせりました。すぐに僕がばらしてしまった犯人であることが、明らかになりました。Kくんは怒ってしまい、僕と話してくれなくなってしまいました。

僕は、Sくんを傷つけ友達を失った悲しい気持ちと、約束をやぶって簡単にしゃべってしまったKさんに憤る気持ちを一度に感じました。最低だぁ、と心の中で叫び、涙があふれそうになるのを必死にがまんしました。この場からすぐに消えてしまいたい。友人たちに顔を合わせるのが恥ずかしくて、いっそ死んでしまいたいような気持ちを抱き、心の底から自分のしたことを後悔しました。あとでKくんには許してもらったけれど、同じ過ちを繰り返さないようにしたいです。

――（10歳・男性）

友だちの秘密をうっかり話し、みんなに広めてしまった

友人

# 僕を選んでくれた少女

僕が大学を卒業し、住宅メーカーの営業マンとして滋賀県に赴任した際に出会った一人の少女の話をしようと思う。４年目の夏、25歳になった僕は、滋賀県内の住宅展示場で薬局屋さんを経営しているN様というご夫婦と出会った。ご夫婦の後ろに華奢な少女が立っていた。

ご来場後、アンケートに記載のあった薬局屋へ足を運ぶと、ご夫婦揃って薬剤師をされていた。今後のスケジュールと概算表を手渡しするのが目的であったが、既にライバル会社にて家づくりを進めており、参考までに来場されたとの事であった。「せっかくお越しいただいたのにごめんなさいね」と奥さん。私は、表向きは気丈に、本心は残念な気持ちを押し殺して薬局屋を出た。そこへ、学校帰りの少女が歩いてきた。「今、何年生なの?」と尋ねると「４年生」と答えた。鼻からチューブをしており、少し呼吸が苦しそうであったため、気の毒な気持ちになってしまった。うまく言葉がみつからず、「頑張ってね」の一言だけ交わし、握手をしてその場を離れようとしたところ、少し微笑んでくれたように見えた。

数日後、N様より連絡が入り、「お時間あるときにお話しできませんか」との事だったので、間髪入れずに訪問した。すると、「実は娘がFさんが良いと言って……。御社で話を進めたいと思っているんです」と予想外のお話をいただいた。**僕は、少女にお礼をしたいと思っていたが、入退院を繰り返していると聞いていたため、会いに行くことが出来ずにいた。**

3階建てのお宅が無事完成した頃、僕は転勤で東京に戻り、人事部に在籍していた。ある日、後輩から一本の電話が入った。無言になった。すぐさま新幹線でN様宅に向かい、笑顔の少女の写真を前に涙が止まらなかった。こんなに泣いたのは人生で初めてだったかもしれない。あれから20年以上の月日が流れ、私の娘も4年生になった。生きたくても生きることが出来なかった少女の分まで娘には精一杯、今を生きて欲しい。

──────（40代・男性）

## 少女の短い生涯の間に感謝の気持ちを伝えたかった

友人

# 一番仲のいい友だち

小学校低学年の頃のことです。ホームルームで、先生がこう言いました。「仲のいいお友だちのことを作文に書いてください」。先生のこの言葉に、私は大きな衝撃を受けました。うつむいたまま、キョロキョロと周囲をうかがいました。教室には微妙な緊張感が漂っていました。なぜなら、これは人気投票でもあり、自分がどの派閥に属しているかの宣言につながると思えたからです。

私の一番の仲良しはR子ちゃんでした。どれだけ一緒に遊んでも遊び足りない、そんな気の合う友だちでした。

けれども同時に、私はクラスの主役グループの子たちとも仲良くしていました。自分もクラスのメインキャストでいたかったからです。だから、作文には彼女たちとの話を書かなければならないと感じました。「作文は先生が見るだけ。何を書いたか他人にわかるはずがない」。私は自分に都合のいい計算をして、作文を提出しました。

しかしここで、計算外のことが起こりました。あろうことか、先生が作文を読み上げました。誰が誰のことを仲良しと書いたのか、クラスにわかってしまったのです。

私は「しまった！」と思いました。R子ちゃんは私のことを書いてくれていました。私の作文にはR子ちゃんの名前はありません。不誠実な裏切り者、八方美人の自分がかっこ悪いと思いました。後悔と申しわけない気持ちで下を向いていました。R子ちゃんは、どう思っていたことでしょう。

そんなある日、R子ちゃんが引っ越すことになりました。私の前から、突然にいなくなってしまったのです。楽しかった毎日が消えてしまいました。私は、神様から罰を与えられたのだと思いました。**自分の心に嘘をついた行動をしたこと。そして、本当はR子ちゃんに謝りたかったのに、勇気を出して謝ることができなかったことを、**

**後悔していました。**それは、棘《とげ》のように心に刺さったままでした。

それから、6年くらいあとのことです。高校生になった私たちは再会することができました。彼女は以前にも増してきれいになって輝いていました。彼女こそ主役級でした。やっぱり自慢のお友だちだと、誇らしい気持ちになりました。

人生は選択の連続です。心の声を聞くこと、心の声に従うことに、ちょっと勇気が必要なときもあります。でも、そのちょっとの勇気が幸せを運んでくれる。——子どもの頃の私が、大人の私に教えてくれているように感じています。 —（50代・女性）

友人

# 仲直りは一秒でも早く

福岡に住んでた頃、高校の同級生で、Tってのがいた。

クラスは違ったがやけに馬が合い（馬で思い出したが馬術で国体にも出たことがあるらしい）、音楽が好きで2人共ギターをやってたこともあり、文化祭のオーディションのために一緒にデモテープ録ったりするような仲だった。

高校を卒業し、Tは東京に出て、大きい劇団に入り福岡での公演にもちょっとだけど出ていた。正直やつの行動力には感心すると同時に悔しさもあった。

そんな自分も、とあるきっかけから東京に出て一時代を築いたタレントさんにつくことになった。

そのころTは、プロダクションに入り、コンビを組んでお笑いの番組や単独ライブをやるようになっていた。

もちろんその頃から連絡を取り合い、お互いの家を行き来しながら、飯食ったり酒のんだり、こんな音楽やりたい、こんな芝居やりたい、などなど夢を語ったりしていた。

そんな時、ほんとにつまんないことで口喧嘩をした。**お互い博多んもんを自負するだけあり、ついつい意地をはってしまい、仲直りをするきっかけを失ってしまった。**

たまにTがテレビにちょい役で出てるのを見ると、悔しいのもあったが、なぜか自分も負けられん!!と自分を鼓舞する良いきっかけになったのは正直な気持ちだ。

そして数年経った。Tとまたいろいろ前みたいに話がしたい、ってのは日に日に増していった。

やはりお互い目指してるのも一緒だったし、普通に東京で働いているサラリーマンとはわけが違う。夢を持っていろんなことにチャレンジしている高校の同級生って存在はやはりでかいのだ。

そんな時に、高校の同級生で、東京で仕事している連中が集まった時、共通の友人を介して、Tが自分に会いたがっている、と教えてくれた。

そして数年ぶりの再会。

不思議なことに昨日も会ってたんじゃないかってくらい、普通に笑って話せたのはお互いびっくり。これから一緒に何か面白いことをやろう!!と、ええオッサン同士、毎日のように連絡をとった。あの数年間を埋めるべく、これからやることをたくさん話し合った。

だが、そんな日々も一瞬で消え去った。職場仲間での飲み会で、けんかになり殴られて(ほぼ無抵抗だったらしい)命を失ってしまった。

書きかけの脚本、一緒に作りかけた歌、しばらく手につかなかった(今もそう)。そのあと、初舞台の相手をしてくれた先輩、高校の友人らが毎年のように亡くなっている。

**会いたい人がいるなら、いつかそのうち会えるから、なんて思わないこと。**今すぐ会いにいこう。

会いたい時に君はいない。

――(50代・男性)

## 意地を張らずに仲直りをして、もっと会えばよかった

友人

# 辛くなると、引きこもってしまう

大学3年生のとき、自分には語学の実力が足りないと感じ、教育実習を前に、英語の教職課程を辞めてしまった。教師という夢を失い、やりたい仕事も思いつかず、将来への展望を持つことができなくなってしまった。

そんな姿に愛想をつかされたのか、2年間付き合っていた彼女とも別れてしまった。彼女は俺を捨てて、バイト先のレンタルビデオ屋の年下の男に乗り換えたのだ。この出来事が、決定的な引き金となった。

駒込のワンルームで一人くらしをしていた俺は、まず大学に行くのを辞めた。**誰とも話したくなくて、友人からの電話やメールも無視し続けた。**

一日中ジャージ姿で、家でだらだらとテレビを見たり、読書をしたりして過ごし、腹が減るとコンビニ飯を食べた。食べていくために、週3回の野球場の清掃員のバイトだけは続けた。

将来の不安や憂鬱《ゆううつ》が消えることはなかったが、すべての関係を断ち切ることは、どこか生まれ変わったような清々しさもあった。

引きこもり生活の終わりは、数ヵ月ほど経ったある日、突如訪れた。午後3時過ぎ、家で横になってワイドショーを見ていると、アパートのドアにカギを差し込む音がし、部屋のドアが開け放たれた。そこには大家さんの姿があり、かたわらには大学の友人Aの姿があった。「あっ、生きてるじゃん」とAは素《す》っ頓狂《とんきょう》な声で言った。大家さんは、安堵しつつも、どこか迷惑そうな顔をして帰っていった。

40歳を過ぎ、結婚して子供が生まれた。妻は産休で、自分が稼ぎ頭だ。職場では、数名の部下がいる中間管理職。優秀な若手の職員がどんどん成長し、上はつまっている。残業続きの仕事場と家庭の往復、ストレスとプレッシャーで、もうキャパオーバーだ。かつてと同じように、今俺は、家庭と仕事以外のすべての連絡をシャットアウトしている。今の時代、孤立するのは簡単だ。スマホやSNSを切ればいい。連絡をくれる友人には悪いなぁ、という想いはあるが、今はそっとしておいてほしい。

——（40代・男性）

## 携帯とSNSに反応せず、一切の交友関係を遮断してしまう

友人

# 自閉症のG君とアラーム時計

小学校低学年の頃、私は、鍵っ子は自由の象徴とばかりに、毎日家に帰ったらランドセルを置いて一目散に外に遊びにいった。ある日、事件は起こった。家に帰ると、閉めたはずの玄関のドアが開いていたのだ。不安ながらもがさごそ音のする2階へ上がっていった。寝室の引き戸を開けると、そこには背中を丸める人影が……。

私は、瞬時に、隣の家に住む知的障がいのあるG君だとわかった。彼はいわゆる自閉症で多動なうえ言葉を喋ることもあまりない。「何やってるんだよ」という私の声に反応し振り返った彼の手の中には、バラバラに分解された猫のアラーム時計があった。お気に入りの時計の無惨な姿を見て、怒りと悲しみが込み上げ、私は彼に殴りかかった。しかし、G君は学年も1つ上ですばしっこく、するりとかわして家を出ていってしまった。私は一人残され、ただただ泣き続けた。

夕方、G君を連れだって彼の母親がやってきて、本当に申し訳なさそうに謝っていた。うちの母親は障害者施設で働いていたこともあり、笑顔で穏やかに対応していた。その母親の後ろで、私はG君をキッと睨み、悔しさを噛み締めていた。

その後もG君は鍵が開いていたうちの母親の車に入り込んだり、近所の家に侵入して寝ていたり、小学校の朝礼をするグラウンドを走り回ったりと、困った行動が続いた。周囲に理解されることなく、「あんな子は施設に入れろ」と言う人もいた。それでも、うちの母親だけは変わらず味方だった。

結局、居場所が無くなったG君一家は、夫婦仲も悪くなって離婚し、母と子2人で引っ越していった。さすがに気の毒な気もして、いつまでもG君の行為を根に持ち続けていることに、後味の悪さを覚えた。

時は過ぎ、私は現在、障がいのある方々とともにチョコレートを作る会社で働いている。**G君の母親の苦悩や、うちの母親の対応が、今は理解できる。**思えば、G君は、一緒に遊べる相手を探していただけなのかもしれない。仮に、G君に会えるなら、「あのとき、許すことができなくてごめんね」と伝えたい。

——（30代・男性）

## 時計を壊したG君のことを、許してあげられなかった

友人

# 好きになった女の子が、実は野蛮で怖かった

僕には、幼稚園の頃から気になっている女の子がいた。かわいらしい顔立ちで、遊ぶのはいつも外というアウトドア派の活発な子だ。

小学校5年生のとき、同じクラスになった彼女に、僕は告白した。そのときは、彼女は黙っていたけれど、あとで僕に好意を持ってくれていることがわかった。こうして、僕たちは晴れて両想いになったわけだ。ただ小学生の僕らは、大人のように2人でデートをするということはしない。男友達と混ざって、友達のひとりとして、一緒に遊ぶくらいのものだ。

あるとき、僕は彼女と、何人かの男友達とで家で遊んでいた。僕はそこで、場をなごませようと、人気YouTuber《ユーチューバー》の物まねをしていると、彼女から冷ややかな言葉が飛んできた。

「ポジションちげぇよ、消えろ」

言葉の真意はよくわからなかったけど、「消えろ」という言葉がナイフのように突き刺さり、僕はテンションがだだ下がりしてしまった。前から荒っぽいところはあったけど、正直ここまでだとは思わなかった。

また別の日のことだ。僕らは公園で遊んでいた。任天堂switch《スイッチ》のゲームで攻略できないところを、ベンチに座って男友達に聞いていると、彼女が近づいてきた。そして、僕の後ろ髪を思いっきり引っ張った。その痛さに、泣きそうになっている僕に、彼女はこう言い放った。

「ここまで来て、ゲームやってんじゃねぇよ。ボケ」

僕にも、彼女への配慮が欠けているところはあったかもしれない。しかし理屈抜きで、彼女の野蛮な言動に、僕の恋の炎は完全に消え失せてしまった。現在、彼女とは距離を置いている。**せっかく好きな女の子と両想いになれたのに、その相手に幻滅《げんめつ》して嫌いになってしまった**。それはとても残念で、つらい体験だった。

今、僕はクラスの別の女の子に興味を持っている。その女の子は、顔は中の上くらいだけど、優しい性格の子だ。トゲのある花はもうこりごりだ。

——（11歳・男性）

## 両想いになった女の子を、嫌いになってしまった

友人

# 何でも語り会えた親友が

いつもと変わりのない日曜日の昼下がり、ふとスマホに目をやるとLINEが1件入っていた。送り主は高校時代からの親友。嫌な予感がした。しばらく疎遠になっていたし、そもそもよほどのことがない限りLINEなんか送ってくるような奴じゃない。恐る恐る開いてみると、彼の自死を知らせる内容だった。ショックで立ち眩みのように目の前が真っ暗になった。でもすぐに落ち着きを取り戻した。いつかこんな日がきてしまうのではないかと、心の片隅に小さな不安が存在していたからだと思う。

彼との出会いは高校3年の時。好きなミュージシャンが同じということで意気投合し、何でも語り合える唯一無二の親友として多くの時間を共有した。しかし20歳を過ぎたある日、彼は自殺未遂騒動を起こす。幸い大事には至らなかったが、それ以来、彼は社会にうまく適応できなくなってしまった。

最後に会ったのは1年半ほど前。数年前にうつ病を発症したが、徐々に調子が良くなっているというので、食事に誘って久しぶりに語りあった。今、一番やりたいことは何か?との問いに、彼は「昔みたいに音楽がやりたい」と言った。2人でギターを弾いて音楽活動をしよう。私の提案に彼も最初は乗り気だったが、病気療養中にギターを捨ててしまい、やはり無理だと言い出した。「お金のことは心配するな。俺がギターを買ってやるし、活動費用もすべて俺が出す」と喉まで出かかった。しかし、**その言葉をグッと飲み込んだ。それをしたら彼は私に負い目を感じるだろうし、そもそもプライドが高い彼がその提案を素直に受け入れるだろうか。**結局「じゃあ、ギター買ったら連絡してこいよ」「わかった」そう言葉を交わして別れた。

彼の死を知ってからずっとあの日の事を考えている。もし言葉を飲み込まずに投げかけていたら……。音楽活動をきっかけに病気を克服し、今も元気に2人でギターを弾いて歌っていたかもしれない。そう思うと胸が締めつけられ、夜も眠れない。叶わぬと知りつつも、彼に会って「おい、もしあの時、俺がギター買ってやるから一緒に音楽やろうぜと言ったら、お前は何て返事した?」と聞いてみたい。——(40代・男性)

## あのとき言葉を飲み込まず、思いを投げかければよかったのだろうか……?

友人

# 石岡の夜道を歩いたOくんのこと

『エースをねらえ！』――言わずと知れたテニス漫画だが、ボクら下位グループに「スポ根」精神はなく、楽しみといえば夏の合宿ぐらいのものだった。O君と出会ったのもテニス部。合宿中は毎夜、合宿所を抜けだし、真っ暗な田舎の国道沿いを歩いた。O君もメンバーのひとり。目的はなかった。

中学を卒業すると、ボクらはみな同じ高校に進学。校舎は自由に満ちた雰囲気で、高校には制服も校則もなし。生徒の自主性を重んじる中高一貫校、その高校編がスタートした。

オシャレを謳歌《おうか》する日々が始まった。中学テニス部で下位グループにいたボクは次第に〝オシャレな奴〟として一目置かれていく。その頃のボクとO君の関係といえば、廊下ですれ違うと「よう！」と挨拶する程度の仲。オシャレ濃度の高かったO君は学校にスカートを履いてくるような〝ちょっと変わった人〟になっていた。もともと口数の多いタイプではなかった彼は〝一匹狼〟という表現が当てはまるような奴になっていた。「いったい何を考えているんだろう?」――。

O君が入院したという情報を知ったのは高校2年の夏の頃。背中の骨にばい菌が入り、緊急入院したという話だった。同じクラスの人たちも真相は分からないようだった。「大丈夫かな」「誰か、見舞いに行っているのかな」。ボクはO君と一緒に歩いた〝石岡の夜〟を思い出しながらも、自ら行動に移すことはなかった。それから数ヵ月後、O君の容態は急変し、亡くなった。

O君とのお別れ、告別式は学校葬となった。普段私服の学友たちはみな、黒い服を着ていた。中学時代に着ていた学生服だろうか。窮屈なサイズ感の奴も多くいた。**遺影の中の彼は笑っていた**。

今でもO君のことを思いだすことがある。この文章を書いている今もそう。行けばよかった。

――(40代・男性)

## 入院したOくんに会いに行けばよかった

隣人

# 亡くなったアパートの住人たち

私は、巣鴨にある風呂無し、トイレ共同のアパートに住んで10年になります。**このアパートで過ごし始めてから3名の住民の方が亡くなりました。**

Ｋさんが亡くなったのは、約10年前。Ｋさんは60代後半ぐらいの男性で、自転車で事故を起こしてからは体調がすぐれず、入退院を繰り返しながら、印刷関係の仕事に行ったり行かなかったりの日々を過ごしていました。

ある日、入院中で無人のはずのＫさんの部屋で、片付けをする中年女性に会いました。その人はＫさんの離婚した元奥さんで、病院でＫさんの最期を看取った後に部屋を片付けているとのことでした。形見分けなのか、電気ポットをもらいました。

元ホームレスという噂の男性Ｉさんが亡くなったのが約7年前。無口で小柄、年齢は60代くらい。生活保護を受給しており、定期的に区役所の人が来ていました。夏に体調を崩し入院。それから数日後に、区役所の人が部屋の荷物を運び出しており、Iさんの死を知りました。入院前、Iさんと廊下で会った時、珍しく挨拶を返してくれ、「そうめんが食べたい」と言っていたのが、最初で最後の会話でした。

アパートの最高齢、Sさんが亡くなったのは約4年前。年金暮らしの90歳以上の女性で、戦争で旦那さんを亡くし、息子さん2人を女手ひとつで育てたそうです。おしゃべり好きで、私もアパートの住民の中で一番多く話しました。ビンの蓋を開けるなど、日常のちょっとしたことを手伝っただけで、よく食事をご馳走してくれました。入院して一ヵ月ほどでお亡くなりになりました。家具が運び出され、生活感のないガランとした部屋で、ガスの元栓がやたら目立ったのを覚えています。

**今の時代、最後に見る景色は、病院の天井なのです**。今はいない3名の方に、自分ができることは、ただ時折、思い出すことだけです。

——（40代・男性）

同じ屋根の下にくらした3人の方に、何もしてあげられなかった

自分

# 首里城の瓦《いらか》

波の声もとまれ／風の声もとまれ／首里天がなし／美御機拝ま　※恩納なべ

父方の祖母が首里の生まれだったので、クウォーター・ウチナンチューを自認している。

小学生のとき、連れられて初めて訪れた沖縄は、本土復帰後、自動車はまだ右側通行のままだった。海洋博前のそこでは、沖縄戦の戦没者のものなのか、かつての風葬の名残りか、岩陰にひっそりと、白骨が遺されていたことが印象に残っている。

首里城跡で復元されていたのは「守礼門」だけで、これに続いて城内へと誘う正門の「歓会門」は、跡地が漫然とした空き地になっていた。米機によって、空爆されたままだったのである。

小学校の友達に、沖縄旅行の〝戦利品〟を、私は自慢げに、こっそり見せびらかしもした。ただし、布目模様が表面に残る古瓦に関心を示す者は少なく、多くが目を輝かせて見つめるのは、禍禍《まがまが》しい爆弾の残滓のほうだった。

**古瓦と爆弾は、いつしか私の手許から消えてしまった。引っ越しなどに取り紛れ、処分してしまったのかもしれなかった。**

その後、首里城の「歓会門」と周囲の城郭は再建され、１９９２年には、正殿を中心とする多くの建物も復元された。２０００年には、「琉球王国のグスク及び関連遺産群」の構成資産として、世界遺産にも登録されている。

復元された首里城にも、私は何度か訪れている。しかし、その再建・首里城の一部は２０１９年10月に、火災によって焼失してしまった。

私は今も、真正《オーセンティック》な首里城の瓦の欠片を密かに持ち帰り、なくしてしまったことを、誰にも話せないままになっている。

（50代・男性）

※琉球王国の女性歌人「恩納なべ」の琉歌。意味は「波の音も静まりなさい。風の音も静まりなさい。国王さまの麗しいお顔を拝みましょう。」

# 首里城の瓦を持ち去り、なくしてしまった

自分

# 昔の自分に、撮らせたい写真がある

私は鉄道カメラマンとして、全国を飛び回っている。この仕事をしていて、何はなくとも後悔が残るのは、目の前にいながらも、写真に撮ることがなかった乗り物や鉄道車両だ。

四国で鉄道好きの少年として育った私は、鉄道写真は比較的撮っていた方だが、それ以外の乗り物はほとんど関心がなく撮影しなかった。たとえば、日常的に走っていたモノコックバスや、岡山と高松を結んでいた宇高連絡船は、あれだけ身近で、何度も見ていたにもかかわらず、一枚も写真に残っていない。

鉄道車両でも、撮れずに悔いの残る車両がたくさんある。かつての寝台特急ブルートレインの機関車が、乗用車を台車に乗せてけん引するカートレインもそのひとつだ。寝台車を引っ張る機関車こそがブルートレインだ、という固定された美意識から、撮影しなかったのだ。

当時の自分に語り掛けることができるのなら、「あの車両は数年後に色が変わるから、今しか撮れないぞ」など、言いたいことがいくらでも出て来る。当たり前の景色は、実は今だけの貴重な物で、すぐに撮ることができない過去になっていく。

職業として鉄道カメラマンになった現在は、自分の好き嫌いに関係なく、ありとあらゆる鉄道にまつわる写真を節操なく撮っている。人気の車両はもちろん需要はあるが、意外にも地味な車両や、変な車両が脚光を浴びて、出版社などから写真を求められることもよくあるためだ。

一方で、**好きという純粋な気持ちだけで撮っていた頃の写真を見返してみると、今は撮れない、何ともパワーのみなぎる良い写真がいくつもある。**同じ場所に何日も通いつめるなど、写真としての良さだけを追求していたからだ。今は、本の紙面に収まったときのことを考え、使いやすい余白の多い写真ばかりを撮りがちだ。撮りたいものだけを撮っていた過去の自分の写真をみるにつけ、本当に、「好き」を仕事にしてよかったのか、ふとそんなことを思ってしまうときがある。

――――（50代・男性）

## 「好き」を仕事にしてよかったのだろうか？

PART 2

# プロに学ぶ
# 大切な人と関わるときに
# 大事にしたいポイントやコツ

ケアクラウンの金本麻理子さん、
ノンフィクション作家の稲垣麻由美さん、
合気道師範の佐原文東先生。
コミュニケーションのプロである3名に、
人間関係をより良くするための
意識や所作についてお聞きしました。

## ケアリングクラウンの金本さんが人と接する際に大事にしていること

――金本麻理子さんは映画『パッチ・アダムス』のモデルとなったDr・パッチに共鳴して、ケアリングクラウンの普及活動を行なっていらっしゃいますよね。ケアリングクラウンとはどのような存在ですか?

**金本**　私は現在「Clown one Japan」というグループの代表を務めています。高齢者施設、病院、児童養護施設、被災地など行く先はいろいろ、お会いする相手は重度障害の方、認知症の方、自閉症の方などさまざまです。パッチと一緒に海外を回って活動をすることもあります。

クラウンと聞くと「自分のパフォーマンスを見せる人」と思う方もいらっしゃるかもしれませんが、私たちケアリングクラウンは「相手の人の世界を一緒に楽しんで、そこから何かを創り出す」ということ、つまり即興を大事にしています。

――さまざまな方とお会いし、コミュニ

パッチ・アダムスさんと一緒に

ケーションをとる上で、金本さんが大切にしていることは何ですか？

**金本** ケアリングクラウンって、お会いする相手がほとんど「初めまして」なんですよね。その人たちに「私はあなたにとって安全な人ですよ」とわかってもらうことが大切です。そのためには、自分がリラックスしていること。コツで言えば、大きくゆっくり呼吸をしたり、膝を緩めたり。笑顔も大事ですよね。介護施設の方から「利用者の中に気難しい人がいてなかなか笑ってくれない」と深刻な顔でご相談を受けることもありますが、その方ご自身が笑っていないことが多いんです。自分が笑っていれば、相手の人も自然と同じような状態になってくれると思います。

といっても、私たちは相手を「笑わせよう」とはしません。「相手にとって心地良い時間を一緒に過ごして、気づいたら一緒に笑っている」というのが理想だと思っています。

会話が交わせるお相手の場合、「いちばん最初に、その人の好きなことを興味を持って聞く」ということを大切にしています。私はミッキーマウスやミニーマウスが大好きですが、自分の好きなことを話すときって気分がとても上がりますよね。

Dr・パッチは初めて会う人と信頼関係を作る〝天才〟だと思います。老若男女どんな人でも、そして彼は英語しかしゃべれませんが言葉が通じない相手でも、3分くらいですごく仲良しになっていきます（笑）。彼の行動を観察していると、病室に入った瞬間に「この人が好きなものは何だろう？」って全身で情報収集をしています。例えば、その子の大好きなぬいぐるみを見つけたら、それをおもちゃにして一緒に遊び出すんです。本当に、相手の世界に一緒に入るってすごく大事だと思いますね。

――病院や介護施設で大切な人をお見舞

いする際、私たちが心がけると良いことはありますか？

**金本**　入院や入居をしている立場で想像すると、自分に会いに来てくれた人が元気でいてくれることがいちばんうれしいですよね。自分のことで辛そうな表情をしたり、ケンカしたりしていたら辛いですよね。ただ、それは頭ではわかっていながらも、大切な人が病気で入院していたら、その人の体調や病気のことばかり考えてしまうのは自然なことですよね。「この薬効くのかな」とか「この先どうなるのかな」とか「あのときこうしなければよかったのかな」とか……過去を思い煩ったり、将来を不安に感じてしまうんです。ケアリングクラウンの重要な役割も実はそこにあって、私たちは第三者として「今ここを生きる時間」を創るお手伝いをしているんだと思います。

ですから、例えば年配の方をお見舞いに行くのであれば、もちろん状況が許せばですが、小さなお子さんを連れていくのも良いですよね。小さなお子さんは、「今ここを生きる」を体現している存在なので、会うと楽しいし、すごくエネルギーをもらえます。それに、人って「自分が貢献できている」と感じられることで幸せになれます。おじいちゃん、おばあちゃんにとって、小さな子供は自分が何かをしてあげたくなる存在でもあるので、すごく良いと思います。

また、「今ここを生きる」という意味では、スマホを部屋に持ち込まない、あるいはバッグの奥底にしまって取り出せないようにしてからお相手に接するのも、良い方法の1つだと思いますね。

――言葉を交わせない方とのコミュニケーションは、どうされているのですか？

**金本**　介護の現場の方々から「認知症の方々とどう関わっていいかわからない」という質問を受けることもあります。そこで皆さんにお伝えしているのは「反応は必ずある」ということです。まばたきをするとか、呼吸のリズムがかすかに変わるとか、指がほんの少しだけ動くとか……。「ああ、私がいることで何か感じてくれているんだな」って感じられるのが、とてもうれしくて楽しいんですよね。

人は誰でも赤ちゃんの頃、しぐさや表情などの非言語の部分で周囲の人と思いを伝え合ってきていたはず。でも、大きくなって、言葉がしゃべれるようになって、コミュニケーションを言葉に頼るようになります。それは悪いことではないけれど、その一方で相手の出しているサインに気づきにくくなってしまいます。

ケアリングクラウン活動のようす

だから私たちケアリングクラウンは「どんな人とでも意思疎通できる」と信じて、その人が出すサインを汲み取ろうとしています。
そんなふうにサインを読み取ろうとしていると、人との心は開いていくと思うんです。そして、心が開くと、身体も開いていくんですよ。私たちのチームには聴覚に障がいを持っておられる方がいます。クラウンの活動には興味を持ってやってみたいと思ってはいたけれど、自分が障がいを持っていることで迷惑をかけるのではないかと参加を最初ためらっていられました。でも、クラウンの活動をしていくうちに、言葉を超えたところでも人と繋がれるという体験をされて周りの人とコミュニケーションを取ることに積極的になっていかれました。
人は、絶対につながり合える。そして、

お互いの心をどんどん開いていける——
それは、ケアリングクラウンをやってきてすごく感じていることなんです。

ケアリングクラウン
金本麻理子（かねもと・まりこ）

ケアリングクラウングループ「Clown one Japan」代表を務め、全国の高齢者施設、病院、児童養護施設、被災地などを訪問。プロのメンタルコーチ資格も取得。幼稚園教諭、在宅訪問介護士を経て現在はケアリングコーチとして医療・福祉従事者、教育者を中心にサポートしている。

## ノンフィクション作家の稲垣さんに伺ったお話を聞く際に心がけていること

――稲垣麻由美さんは、ノンフィクション作家およびブランディングディレクターとしてご活躍し、それらのお仕事を通じて政治家、経営者、医師など多くの方にインタビューをされてきました。テーマも、戦争に関すること、病気に関することなどさまざまです。インタビューの際、どのようなことを心がけていらっしゃいますか？

**稲垣**　「その人が話しやすいタイミングを待つ」ということと、「その人が話しやすくなる問いかけをする」ということは常に考えているかもしれませんね。

人間って、普段はあまり語らない人でも本当は語りたい生き物だと思うんです。みんな必ず何かしらの思いは持っているはずです。本当は語りたい、でも語る機会がなかったり、語ることが恥ずかしかったり、うまく言葉にできなかったりする。私は「語りたくない人はいない」という前提で、相手の方と向き合っています。

と同時に、「相手の心の箱にどこからどう触れたら、その人が心の中を出しやすいか？」ということも考えているかもしれません。普段そこまで分析したことはないのですが……結論から話す傾向のある人、リーダータイプで人前で話す機会の多い人の場合は、真正面から箱に触れに行く感じかもしれません。ただ、人前で話す機会の多い人であっても、時事問題や仕事については雄弁に語るけれど、自分の心の中にあるものを出すとなると口ごもる人もいます。一方で、普段あまり語りたがらない人、語る機会の少ない人は、箱の隅にそっと手をかけさせていただく感じでしょうか。相手の呼吸、テンポに合わせて話しているかもしれません。

――「相手の方が話しやすくなる問いかけ」とは、例えばどういったものですか？

**稲垣**　私は、相手の方が語り始めたら「もう少し詳しく聞かせてください」「それってどういうことですか？」ということをひたすら聞いています。いつも「教えてください」という姿勢です。「どうしてそう思うのですか？　よかったら教えていただけたらありがたいです」という感じですね。

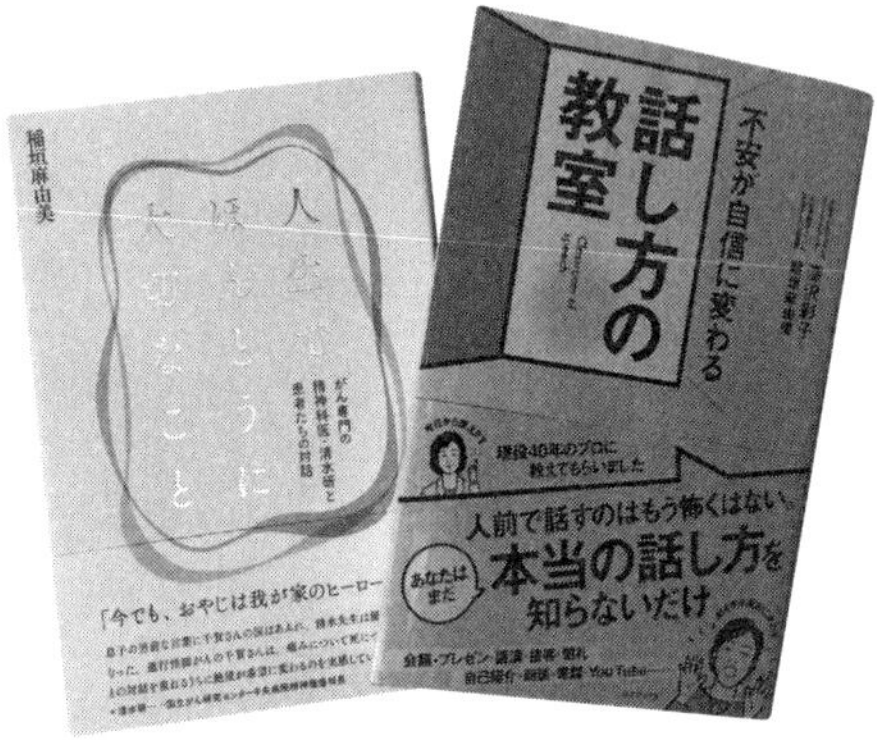


稲垣さんの著書。左は『人生でほんとうに大切なこと がん専門の精神科医・清水研と患者たちの対話』（KADOKAWA）、右は『不安が自信に変わる話し方の教室』（共著／三才ブックス）

例えば、相手の方が「病気が辛くて……」とおっしゃって、語りたいことはたくさんあるのに心がいっぱいでその先を話すことができないとします。そのときは「辛いですよね……」と相手の方の心に寄り添いながら、相手の方が語り出すまでずっと待ちます。待つ時間はすごく大事にしているかもしれませんね。相手の方も「待ってくれているんだな」と思うと、安心し、信用してくれる気がします。相手の方が黙ってしまうと、その間を埋めようとしてこちらからしゃべり出してしまうことってありますよね？　でもその沈黙は、相手の方がしっくりくる言葉を探している時間かもしれません。その時間を奪わないことが大事だと思いますね。

――インタビューをする際、他にも大切にされていることはありますか？

**稲垣**　「話し方」の他に「準備」と「装い」も常に大切にしています。この3つで相手の対応が変わると思っているからです。「準備」は相手の方に関する基礎知識を学んだり、プロフィールを読んだり……ということ、「装い」はどういった身だしなみで相手の方にお会いするかということです。

装いについては、「自分が相手からどう見られたら、相手は話しやすいか？」を考えています。例えば、政治家の方にお会いするときにはスーツの方がふさわしいと思いますが、漁師さんにお話を聞くときにスーツを着ていけばまったく心を開いてくれない可能性があります。また、「自分自身にスイッチを入れる」という意味でも装いは重要ですから、仕事でインタビューに臨む際にはとても大事にしていますね。

――本書は「あなたの身近にいる大切な人とより良い時間を過ごしませんか？」という想いを込めて作ったのですが、例えば「親ともっと話したいけど、ぎこちない関係が長く続いて今さらうまく話せない」という悩みを抱えている方もいらっしゃると思います。そのような場合、どんなことから始めれば良いでしょうか？

**稲垣**　そうですね。人生は本当に何があるかわからなくて……、もしも自分が1年後にこの世からいなくなるとわかっていたら、話せないこと、聞けないことって何もない気がするんですよね。国立がん研究センター中央病院精神腫瘍科（当時）の清水研先生と患者さんへのインタビュー（『人生でほんとうに大切なこと　がん専門の精神科医・清水研と患者たちの対話』稲

稲垣さんの著書。
『戦地で生きる支えとなった115通の恋文』（扶桑社）

垣麻由美著／ＫＡＤＯＫＡＷＡ）で、そのことをあらためて思いました。伝えるべきときに伝えないとすごく後悔するんだっていう実感があります。

それ以降、私は「うれしいな」「素敵だな」「ありがたいな」って思ったことは口にするようにしているんです。品川駅のおにぎり屋さんにすごく笑顔の素敵な女性がいるんですね、この前はその人に「笑顔が素敵ですね」って思わず言っちゃった。そうしたら、その方が「そうですか」ってもっと良い笑顔で答えてくれて……。褒められてうれしくない人はいませんよね。それを伝えると、良い連鎖が生まれると思います。苦労したことや大変なことや辛いこと、うれしかったことや素敵だなと思ったこと。その２つがあったら、後者を先に言う方が、お互いが幸せになれる気がしています。

１人の親としての経験から言えば、子供から「ありがとう」って言われるだけでも幸せですよね。母の日に「ありがとう」って書いて渡してくれた手紙はいまだに捨てずにずっと置いてあります。

ただ、「親と向き合うのが辛い」「親と会話するとすぐにケンカになる」という気持ちもよくわかります。そのときには、自分が直接向き合わなくてもいいのかな、と個人的には思っています。たとえば、自分の子供が、自分の代わりにおじいちゃん・おばあちゃんに優しく接してくれるとか。誰かを通じて、自分の愛を伝えられればいいのかもしれませんね。
親しい人ほど、正面を向き合わずに横に並べばいいと思うんです。縁側って、家族をつなげる、とても良い構造だったなって思います。家族で一列に並んで同じ方を向きながら「今日こんなことがあってね」と話したり……。対峙すると話せないことでも、横にいると話せることってあるんですよね。ですから、ごはんを食べに行って、カウンターで横並びになって話すというのも1つの良い方法だと思います。

ノンフィクション作家
稲垣麻由美（いながき・まゆみ）

ノンフィクション作家・ブランディングディレクター。株式会社一凜堂代表取締役。執筆の活動と並行し、政治家・経営者・ビジネス書著者を主なクライアントとしたブランディング事業も展開。著書に『戦地で生きる支えとなった115通の恋文』（扶桑社）、『人生でほんとうに大切なこと がん専門の精神科医・清水研と患者たちの対話』（KADOKAWA）、『不安が自信に変わる話し方の教室』（共著／三才ブックス）がある。

## 和の精神を尊ぶ「合気道」の師範 佐原文東先生からコミュニケーションを学ぶ

――合気道師範でいらっしゃる佐原文東先生にお伺いします。合気道の基本の考え方「和の精神」とはどういったものですか？

**佐原**　ほとんどの武道には競技試合があり、客観的な優劣が判断できるのに対して、合気道には競技試合というものがありません。合気道の創始者である植芝盛平先生は、技量の優劣をつけるために試合をすることに疑問を持ち、人を生かし争わない「和の精神」を掲げ、新しい武道を開きました。それが「争わない」武道とも言われる合気道です。

合気道は、「争い」を超越した強さを目指すものです。練習では、取り（技をかける人）と受け（技を受ける人）を交互に行ないますが、これは試合ではなく、勝敗もありません。相手はあくまで自分自身の鏡であり、自己鍛錬こそが大切な武道なのです。

——合気道の考え方を知り、日々鍛錬することで、日常生活におけるコミュニケーション（言語・非言語両方）にどのような効果を期待できますか？

**佐原**　合気道は、相対する相手とある瞬間に、一体化してしまう武道です。これは、相手が10の力で攻撃してきたら、それをゼロに打ち消すような、引き算のロジックではありません。相手の10の力を生かしたまま、そこに1の力を足すという、足し算のロジックです。「一体化＋足し算」、これこそが合気道の技のロジックなのです。このロジックを生かすことで、たとえば力のない老人や女性が、力の強い大きな男性を投げるというようなことが可能になるのです。

このような合気道のロジックは、日常のコミュニケーションにも通じます。相手の言葉を否定したり、打ち消したりせず、力をぬいて相手の言葉をありのままに受け入れることで、流れるようなコミュニケーションを実現できます。

また人間関係において、ついつい踏み込みすぎたり、傷つけてしまったりすることもあるでしょう。かといって、慎重になりすぎては、仲良くなれません。合気道をしていると、相手との適度な間合い（距離感）を、臨機応変に取りやすくなります。

合気道の演武のようす

——合気道師範である佐原先生は「後悔」というものをどう捉えていますか？

**佐原**　これまで72年の人生を歩んできました。ほぼ人生の終末に近いところから振り返ってみても、今までの人生うまく行き続けた、などあり得ないことです。また、近しい人との別れも随分と経験してきました。

　であるにもかかわらず、後悔という発想そのものがありません。「反省はしても、後悔はしない」という生き方を、かなり早い時期に選択していました。「自ら調べ、自ら考え」そして自らの意志で物事を決める、中学校のころからやってきたことです。これは私が通っていた学校の基本ポリシーが影響したのかもしれませんが、そのような習慣が、後悔をしない下地を作ることにつながっているのかもしれません。

ちなみに剣豪宮本武蔵は「我事において後悔せず」と言ったと伝えられていますが、同じく後悔はしなかったかもしれませんが、反省はしたと思います。でなければ、あの戦乱・無法の世の中に剣を表看板にして62歳まで生きられる筈がありません。

さて、合気道という武道は、宇宙やエネルギーといったものを意識することが多いのも特徴のひとつです。最先端の研究をする学者の見解では、どうやら絶対的な時空間はなさそうである、ということがわかってきています。また、宇宙ができた時、すべてはあったようですし、すべては変遷していくようです。人間は「意識(無意識も含め)・生命エネルギー・肉体」で成り立っていて、生まれた時にはこれらが集結し、死んだ時には離散する。大きくはそれだけ。何も増えず、何も減らず、です。その意味で、大きな自然法則通りに動いているだけで、いずれ地球も太陽系もなくなるそうです。マクロの視点とミクロの視点。この両者を見据える。まあ、後悔しようがするまいが大したことではない、と思っています。

——例えば、「話が弾まない親子」など、ぎこちない人間関係を良好にするアドバイスをお願いします。

**佐原**　苦手な人、嫌いな人でも、まずは相手を否定しないことが大事。そのうえで、相手を少しずつ受け入れてみましょう。同じ空間にいるだけでも気まずいという人でも、逃げ出さず、あえてそこにとどまってみるというのも手です。徐々に慣れ、同じ空間にいても違和感がなくなっていく、そんな一体となる感覚を味わえればしめたもの。少しずつでいいので言葉を交わし、距離を縮めましょう。最終的に目指すべき合気道の神髄、それは「万物すべてと和すること」です。

**清心館道場 道場主・師範**
佐原文東（さはら・ふみはる）

財団法人合気会七段。15歳の時に合気会本部道場に入会し、16歳より本部道場師範の山口清吾先生に直接師事。1978年には名古屋大学合気道部をスタート。2003年3月東京都八王子市堀之内に「武道と禅の会・清心館道場」を開設。2009年、八王子市合気道連盟会長に就任。

PART 3

# 身近な人とのコミュニケーションに役立つヒント集

執筆者113人に、5つの質問をし、
回答していただきました。
それらの回答には、あなたの大切な人と
あなたとのコミュニケーションを
より良くするためのヒントが
たくさん詰まっています。

質問

# 1

# 「大切な人に聞かれたらうれしい質問」はありますか？

執筆者の方々に「大切な誰かに聞かれたらうれしい質問はありますか？　その質問をしてもらいたい相手と理由も教えてください」と質問しました。

仕事について、生き方について、好きなモノ・コトについて、子供時代について……さまざまな回答をいただきました。

最後（332ページ）に記入欄を設けてあります。回答にひととおり目を通した後、読者の皆さんに「誰にどんな質問をされたいか？　それはなぜか？」「誰にどんな質問をしてみたいか？　それはなぜか？」を考えていただけたらうれしいです。

●**「私を産んだあとも、どうして仕事をやめなかったの」**と、**娘**に聞いてもらいたい。

子どもを持つという選択と、自分と子どもは別個の人生であるという考えは両立し

うると思ったことを、いつかきちんと話したいから。（50代女性）

● **子ども**、**妻**、**友人**、**会社の後輩**などに**「好きな本は？」**と聞かれたい。読んだことがある／なしに関わらず、そこからいろんな方向に話が広がると思うから。（50代男性）

● **息子**に**「生んでよかった？（よかったとしたらなぜ？）」**と。（50代女性）

● 質問ではないかもしれませんが、**「いつも楽しそうにして暮らしていますよね？」**と聞かれるとうれしいかな。特に**若い世代の人**に。（40代女性）

● **「今日、嬉しいことはなんだった？」**と**夫**に聞かれたい。（50代女性）

● **家族**に**「何か良いことあったの？」「どうしてそれをやってるの？」**と聞かれたい。自身の興味や関心あることに興味を持ってくれていると感じるから。（40代男性）

● **「俺と結婚してよかった？」**と**夫**に聞かれたい。（40代女性）

● 具体的にはないかな。聞いてくれるってことは興味を持ってくれているってことだから、**どんな質問でもうれしい**です。（40代女性）

● **娘**に**「どんな仕事をしているの？」**と聞かれたい。漠然としか知らないと思うので、中身や理由などを伝えたい。（40代男性）

●「**なぜそんなに楽しそうなの？**」「**生き生きしているコツは？**」など。相手は、**家族**や**友人**、**仕事仲間**です。（50代女性）

●「**なぜ、いつも元気なんですか？**」と聞かれたい。**相手は誰であってもうれしい。**（40代男性）

●「**どうやってこの仕事ができるようになったの？**」と**友人**や**知り合い**に聞かれると嬉しいです。仕事を始めた当初の思いや、やる気があった時のことを、長年続けると忘れがちになるので。（40代女性）

●「**今の仕事にどうやってたどりついたか？**」を**甥**や**姪**に聞かれたらうれしいかもしれません。聞かれたい、イコール伝えたいことなのかもしれません。（40代男性）

●「**理想の人生設計（これからの夢）**」を**妻**に聞かれたい。目の前の忙しさに追われて、お互いにゆっくり語り合うことがないため。（40代男性）

●「**なぜ家業を継いだのか？**」を**息子**に聞いてもらいたい。私は自らの意志で家業を継ぎ、幸せに暮らしています。今の家業は天職だと思っています。息子にできれば跡を継いでほしいし、叶わなくても私の意志は理解しておいてほしい。（40代男性）

●「**仕事が忙しいのに何でいつもそんなににこにこしていられるんですか？**」と**同僚**

**アシスタント陣**に言われること。理由は、仕事の忙しさを顔や態度で表に出しておらず同僚や周りの人々を嫌な思いにさせていない、自分でメンタル・ストレスコントロールができている、仕事の忙しさも楽しんでいる、というのを客観的に感じられるため。（50代女性）

● **息子**に**「なぜこの仕事を選んだの？」**と聞かれたら嬉しいです。サラリーマンを経験してから起業したので、世の中の現状と今の仕事について伝えられるので。（30代男性）

● **子ども（娘）**に**「どんな子どもだったの？」**（子ども時代が人生のピークだったので）（40代男性）

● **「なぜ読書が好きなの？」**と**子供たち**から聞いてほしい。本を読むことでいろいろな価値観や人生を知り、たくさんの感情に触れることが出来ることを知って欲しいと思うから。（40代女性）

● **「なぜ今の仕事をしているの？」**と**息子**に聞かれたい。どうしても今の仕事がしたくて、サラリーマンを辞めて独立したから、その想いをわかっておいてほしい。（50代男性）

●**息子**からの**「今の仕事を選んだ理由は何？」**という質問。その問いへの答えが、自分の人生観と生きてきた軌跡そのものを伝えることになるから。（40代男性）

●**自分が得意なこと**を聞かれると嬉しいですね。個人的にはパソコンがちょっとだけ得意なので「〇〇はどうしたらいいの？」など「教えて！」という旨の内容を聞かれると嬉しくなってしまいます。誰に聞かれると嬉しいというものはありませんが、家族よりは**職場の同僚など他人**に聞かれたほうが嬉しい気がします。（40代男性）

●学生時代のことであれ、仕事のこと、遊びのことであれ、**自分が経験したことや体験したこと**について、真剣に聞いてくれる方がいれば嬉しいと思います。（50代男性）

●**自分の強みとしていること**に関してアドバイスを求められるとうれしい。認めてもらえたと思うから。（50代女性）

●**年下の子**に質問されたい。**ゲームのこと**とか何でも。信頼関係がうまれるから。（10歳男性）

●具合が悪いときに**「体調どうなの？」**と**母親**に聞かれるのがいちばんうれしい。母親は看護師だし、自分を産んでくれた存在だからいちばん安心できる。（40代女性）

●塾講師という仕事上、**生徒**からの**人生相談**は自分の悩み多き十代を思い出しうれし

くなります。（40代男性）

●**「学校に行って勉強することに意味があるのか？」**を**息子**に聞かれること。息子は学校に行って勉強することを面倒だと思っているから。（40代女性）

●仕事でも、趣味でも、表面的なところの会話だけではなく、さらに内面に入り込むような質問。仕事であれば、**「どうしてその仕事を続けているか？」「どんなときにやりがいを感じるか？」「その仕事をやってきて、いちばん感動したこと」**など。趣味であれば、**「その趣味をしていて楽しいと思うこと」「その映画や本のどこがおもしろいと感じたのか」**など。その質問によって思わぬ自分の本音や気づいていなかったことなどが引き出されるケースがベスト。**相手は、特に問わない。**（40代男性）

●**子供**からの、ハッとさせられる質問がうれしい。**「どうして戦争をするの？」「なんできらいなものをたべなきゃいけないの？」「どうして働かなければならないの？」「どうして人を殺しちゃいけないの？」**。それに対してどういう答えをするかが、これまでの人生経験や得てきた価値観、面白い大人になれているかなどをためされている気になる。（40代男性）

●**大切な人たち**に**「これから何をしたい？」**と聞かれたい。私がやりたいことは一人

ではできないこと、そして同じ思いをもった人たちと一緒にやっていきたいことだから。（30代女性）

● **子供**から、大切にしていることやこだわっていることを質問されると嬉しいです。**「なぜこの仕事を選んだの？」「なぜ『＊＊＊』といつも言うの？」「なぜ＊＊＊な行動をするの？」**など。理由は、長年掛けて積み重ねた考え方を、子供の人生における1つのインプットとして伝えられたら良いなという思いからです。（40代男性）

● **妻**に**「最近痩せた？」**と質問されたらうれしい。ジムに通っている効果と自分を気にかけてくれていることが実感できるから。（40代男性）

● **「なぜこの仕事をしているのか？」「この仕事をしていて楽しいことは？」**などです。（40代男性）

● **過去に自分が頑張ったり苦労したこと**について、**若い人**から聞かれると嬉しいと思います。例えば将来、成人になった娘から「なんでこの仕事を選んだの？」と聞かれると嬉しいと思います。自分の経験が誰か（娘）の役に立つと感じられるからだと思います。（40代男性）

● **息子**から**「幼い頃どんな子供だった？（出産〜小学校低学年までの話）」**。歳を重ねるにつれ、自分の幼い頃の思い出も断片的で、ふとした瞬間思い出す出来事。その思い出の多くが、もしかしてくり返して両親が話してくれたことを覚えているのではないかと最近思います。息子から質問された時は、なるべく詳細に五感に残るように話して、そしてあなたは無条件に愛されている存在なんだよといつでも伝えたいです。（40代女性）

● **夫**に**旅行で行きたいところ**を聞いてもらえると嬉しいです。夫との思い出を増やしたいからです。（50代女性）

● **息子**に**どういう仕事を選ぶべきか**質問されたらうれしいです。師として社会人の先輩として認めてくれている証拠だと感じるので。（50代男性）

● **「どうやって痩せたの？」**と**誰でもいいから**聞いてほしい。努力して痩せて、その後も努力をし続けてなんとか保っているため（笑）（40代男性）

● **自分が好きなもので人に勧めたもの**（例えば本や映画や音楽）について、**「もっと教えてほしい」**と言われるなど、話が深まるとうれしいです。相手は**家族**や**友人**、**職場の同僚**など、日頃からお互いを知る関係ならば、相手のことをより深く知ることに繋がると思われます。（40代男性）

- **我が子たちに「なぜこの勉強や仕事を選んだの？」**と。良かったことや失敗したことも含めて、自分の将来のことを考える時の参考にしてもらいたい。（40代女性）
- **妻**に**「どうして続けているの？」「どうして続けられているの？」**と聞かれたい。（40代男性）
- **娘**に**「なんで仕事にこれほど打ち込んでいるのか？」**と聞かれたい。（50代男性）
- **妻、娘、息子**に**「サラリーマンを辞めて、起業することって大変なことではないか？」**と聞かれたい。人生で大事なことは、謳歌することだと思っている。起業することは、「できないかもしれない事」に挑戦することである。ドキドキしたりワクワクしたり、たくさんの感情をいっぱい持てる大人になってほしいから。（40代男性）
- **「どんな仕事を選んだらよいかな？」**と**息子**に。理由は、自分自身とちゃんと向き合い、自分に合った仕事をする生き方をしてもらいたいから。そのきっかけとなる話し合いをしたい。（30代男性）
- 現在入院中の**母**から**「今日は外は寒いの？」**とか聞かれるとうれしいです。外に向けてまだ関心をもってくれているのだなと感じるので。（40代女性）
- **「どうしてそう思うの？（思ったの？）」**と**妻**、**友人**、**同僚**、**上司**などに。（30代男性）

● **自分が好きなこと**、**いま取り組んでいること**、**これまでの経験**などについて聞いてもらえたら、関心を持ってもらえていることが実感できて嬉しい。(50代女性)

● **好きなもの**と、たまには**嫌いなもの**についての質問はしてほしいです。(40代女性)

● **娘**や**息子**から**「今夜のごはん何？」**と聞かれると嬉しいです。好物なら嬉しそうにはしゃぎ、そうでなければブーたれる反応を見るのが楽しいからです。(30代男性)

● **「面白い小説（映画、音楽）は何？」**と**娘**に聞かれたい。好きなものを共有できるのが何よりの幸せだから。(40代男性)

● **4歳の息子**に**「パパはなぜそんなに強いの？」**と聞かれたい。息子にはいずれ自分を超えてほしいと思っているが、それまでは いろんな意味で高い壁でありたいと思っている。(40代男性)

● **自分よりも若い世代**に**経歴**を聞かれること。それは、今の自分をみて「何をしてきた人なんだろう？」って興味を持ってくれたってこと。素直にうれしいです。例えば、それが**娘**でも。**「パパってどんな子どもだった？」**。うん、やっぱりこの質問はうれしいです。ただし年上から聞かれた場合は、悪い意味で「何をしてきた人なんだろう？」という意味もありそうで、ちょっと怖いです(笑)。(40代男性)

●**〇歳の娘**に「**お父さんは私のこと、好き？**」と聞かれたい。産まれて17日目の娘。まだぼんやりとしか目も見えず、泣くという手段以外の意思表示の方法を知らず、父親という存在ももちろん認識していません。だからこそ、それゆえ、小さな我が子を抱っこして幸せな気持ちで満たされている自分の気持ちを、娘に伝えたい。「うん、大好きだよ」と。（40代男性）

●**同級生**などに「**なんで絵を描いているの？**」と聞かれたらうれしい。自分は子どものときに遊んでいたことで、食べている。好きだから、我慢もできるし、努力もできた。あとは「**楽しそうに生きていますね**」とも言われたい。楽しいことなら、いっぱい話せるので。（60代男性）

●**親友**に、**自分が大切に思っている人のことを詳しく尋ねられたら嬉しい**です。例えば私は猫を飼っていますが、猫のことに興味をもって聞いてくれると嬉しいですね。大切にしている相手に、自分が大切に思っている人や動物のことを、同じように大切に思ってくれているんだな、と思います。（30代女性）

●「**本当は何がやりたいの？**」って聞かれたら面白いかなって思います。そういう質問をされたら、自分も真剣に考える気がするので。もしもそれで、「本当は料理やりたいんだよね」という答えが出たときに、「じゃ、やってみれば」などと言われたら、すごく背中を押される気がします。（50代男性）

●**前向きに仕事に取り組み、努力している人たち**に「**なぜその仕事を選び、続けてるんですか？**」と聞かれたいです。また、**妻**からは「**よく眠れてる？**」など健康を気遣う言葉。うれしい質問って、相手によって大きく変わってきますね。（50代男性）

●誕生日に**息子**に言われるとうれしい一言は「**ほしいものある？**」。「何もいらないよ」と満面の笑みで答えるのが楽しみです。（40代女性）

●質問ではないですが、「**いつも元気ですね**」**と声をかけられる**と、**相手が誰であっても**うれしい。自分が頑張っていることを認められている気になるし、いつまでも溌《はつ》剌《らつ》としていようと思えるから。（70代女性）

●「**子どものころの夢は何だった？**」「**どんな小学生だった？**」「**どんな中学生だった？**」「**どんな高校生だった？**」「**学校楽しかった？**」「**なんでお父さんと結婚したの？**」「**今の仕事は楽しい？**」といった質問を**娘**にされたい。（40代女性）

●**息子**に「**ぼくを生んで良かったことは？**」と聞かれたい。あらためて息子に感謝できるからです。（50代女性）

Q. あなたは誰に、どんな質問をされるとうれしいですか？　それはなぜですか？

Q. あなたは誰にどんな質問をしてみたいですか？　それはなぜですか？

質問

# 2

# 「これだけは伝えたい」という価値観はありますか?

執筆者の方々に「大切な相手に『これだけは伝えておきたい』という価値観などがございましたら、伝えたいお相手と伝えたい内容をぜひ教えてください」と質問しました。子供たち、妻や夫、自分よりも若い世代など、さまざまな相手に伝えたいという回答をいただきました。

最後(345ページ)に記入欄を設けてあります。回答にひととおり目を通した後、読者の皆さんに「あなたは誰にどんな価値観を伝えたいか? それはなぜか?」「あなたの大切な人は、誰にどんな価値観を伝えたいと思っているだろうか?」を考えていただけたらうれしいです。

●**子ども**に**「存在してくれてありがとう」**と言いたいです。勉強できてもできなくても、運動ができてもできなくても構わないです。ただ、元気でいてくれること。親や他人や社会の価値観に流されず、自分の思った通りの人生を歩んでほしいです。（30代男性）

●**子ども（娘）**に**「いつでもあなたの味方だよ」**と伝えたい。（40代男性）

●**自分が生きている意味と価値を探すのが人生**ですと、思春期を迎えさらに扱いが難しくなった**子供たち**に伝えたいです。（40代女性）

●**息子**に**「自分だけの道を進め」**と。（50代男性）

●**息子**に**「人から裏切られても、自分から人を裏切るようなことはしない」**ということ。（40代男性）

●**「人の価値観をすべて否定しないでほしい」**ということ。恋人や家族など**自分に近い人**ほど伝えておきたい。（40代男性）

●**「食べ物を残さない**（命を大切に）**」**。**残している人**がいても言いはしないけど、もったいないなぁと思う。（10歳男性）

●自分が父親として**子供**に、または人生の先輩として伝えさせてもらえる後輩がいるとすれば、**以下の5つの自分なりの人生の価値観**を伝えたいです。

1. 自分が取り組むと決めたことには、何事にも「思い」を持つこと。
2. 人に対して「思いやり」をもつこと。
3. 「人の役に立つ」「人に必要とされる」「人に褒めてもらえる」ところに仕事の面白さがあること。
4. 日々の「良い習慣」を大事にすること。
5. 足るを知ること。（50代男性）

● **娘**へ「精一杯今を頑張ること、手を抜くな、**簡単な方に流れるな**」と。（50代女性）

● 飼っている**愛犬モモ**へ。「いつもお留守番ばかりさせられていると思っているかもしれないけど、モモと充実した生活をするためにお金を稼がないといけないんだよー本当はずっと一緒にいたいんだよ。**仕事中もモモのこと想ってるからね**。あの世でも一緒だから寂しがらないでね」。（40代女性）

● **「吾唯知足」の精神**は自分にも言い聞かせ、時に**生徒**にも伝えることがあります。（40代男性）

● **息子**へ。**「蒔かぬ種は生えぬ」**。（40代女性）

●**食事でも、仕事でも、ひとつひとつのものにしっかりと想いを込めて、人生をしっかりと満喫したい**ということ。出張仕事の際、そそくさと日帰りで帰るというのはあまり好きではなく、1泊してその土地の郷土食やそこで暮らす人の文化や考え方などにふれたい。ちょっとした食事でも、できるだけ人の手のかかった、こだわった食を追求したい（高価なものというわけではなく）。（40代男性）

●サポートしてくれる**家族**、**友達**に**「いつも本当にありがとう！」**と伝えたい。（30代女性）

●**子供**には**「お金に関する考え方**（投資など）**」「倫理感や人生観**（生き方やモノの考え方）**」**、**妻**には**「今、世の中でシフトしようとしている考え方**（所有からシェア、LIFE SHIFT）**」**。（40代男性）

●47歳でがんを患った。これまで自分のことで精いっぱいで好き勝手生きてきた。これからは病気と共存しつつ、自分の体に無理のない範囲で、**大切な人の役に立つことにも時間を使う生き方**をしたい。**「1日1440分、1年8760時間、意外とあっという間に時間は過ぎていく」**ということを皆に伝えたい。**妻**に、**本当は「いつもありがとう」と思って日々過ごしている**ことを伝えたい（実際は照れくさくて言い

出せていないのですが)。(40代男性)

● **会社の後輩**に、**「『する・しない』で迷ったら、リスクを恐れず挑戦『する』道を選ぼう」**と伝えたい(自分への自戒も込めて)。(40代男性)

● **夫**に**感謝の気持ち**を伝えたいです。(50代女性)

● **妻**と**子ども**(と**犬**)に**「自分が人生の中で一番大切にしていることは自分の家族だよ」**ということ。(40代男性)

● 思い浮かびません……。「自分は物事を知らない」と思っているからだと思います。

● **人から話を聞くことの方が、自分にとっては喜びが大きい**です。(40代男性)

● **息子**に「誰かに幸せにしてもらおうと思うのではなく、**自分の力で誰かを少しでも助けてあげることができるということ自体が幸せ**。幸せは自分の中にあり、苦しい時も楽しい時もすべてが幸せ」と伝えたい。(40代女性)

● 仕事をしているのは家族を養うためでもあるけど、**自分の自己実現のためであると**いうことを**妻**に伝えたい。(50代男性)

● **妻**(自分にもあてはまりますが)に**「なるべくいろいろな人と会って話をすること」「元気があればなんでも出来るということ」**(最近本当にこれに尽きるなと実感しました)。

（40代男性）

●自分という人間は、自分が好きなもので出来ているという感覚があります。ですので、**家族**や**親しい友人**には、**自分が好きなもの（例えば本や映画や音楽）についてなるべく知っておいてほしい**し、その理由を語っておきたいと思います。（40代男性）

●**我が子**たちに「どんな時でも**両親は絶対味方**だよ。辛い時は泣いたり休んでもOKだから、助けが必要な時は**一緒に解決していこう**」と伝えたい。（40代女性）

●**妻**に「良いも悪いもない」「なんでもいいじゃん」「**偽善も善。受け取り手がどう受け取るかで立派な善**」と伝えたい。（40代男性）

●すぐに成果を求めるな。**挑戦や失敗が自分を大きくする。**失敗を恐れるな、挑戦をあきらめるな——と**社員**や**娘たち**に伝えたい。（50代男性）

●**妻**、**娘**、**息子**に伝えたい。まずは**「体がいちばん大事である」**。フルマラソンを完走するためには、良いコンディションでスタートラインに立つ必要がある。毎日、体のことを考えて欲しい。そして、**「継続は力なり」**。毎日、週間、月間において、興味のある何かを始めてみてほしい。毎日1分でも良いから継続していくと、1年後には知識、経験、自信が持てる。（40代男性）

●**息子**に「自分の心が喜ぶこと、自分の心が痛いことなど、**自分の心のセンサーを大事にした方が良いよ**」と伝えたい。（30代男性）

●**夫へ「私には私だけの世界がある」**と伝えたい。自分の所有している物、服とか、すべてではないのですが、「これは私の世界のもの」というのがあって、勝手に使われたりされるの嫌なんですよね。深刻に侵害されてるわけではないのですけど。（40代女性）

●**妻**に**「この世でいちばん大切なのは、今もこれからもあなた」**と伝えたい。（30代男性）

●正直なところ、今「この人！」と思い浮かぶ人はいないのですが（残念ながら……）、そういう人とは**他愛ない話**をたくさんしておくのが良いのかなと思います。今思い返すと、**両親**とはあまり話をしていないなと思うので。（40代女性）

●**「努力は必ず返ってくる。頑張れば頑張った分だけ力がつく」**ということを**娘と息子**に伝えたいと思います。（30代男性）

●**「自由であること。あらゆる価値観からも」**ということを**子供たち**などに伝えたい。（40代男性）

●息子が産まれて最初に面会した時にひとつだけ約束をした。「どんなことがあっても絶対にパパとママより先に死なないこと」。**息子**にはその約束を守ること、そして**命の大切さ**をこれからも折に触れて伝えていきたい。（40代男性）

●**娘**に**「自分らしく」**と。幼児から子供、子供から少女、少女から女性……成長していく中で、経験をベースとし、多くの知識や教養を学んでいくものだけれど、その際に自分自身にブレーキをかけてしまう存在は「他者」。他者から良く見られたいなど、評価を気にするあまり、自分らしく生きられないのはもったいない。とても勇気のいることだけれど、失敗や成功を積み重ねる中で「強く軽やかな意思」を持ってくれたら嬉しいなぁ。「into the wild」――結婚指輪の内側にこう記しているのはここだけの話に。（40代男性）

●**「好きなものの近場で生きていく」**ことが大切と伝えたい。自分が楽しくないと、人を楽しませることはできない。自分が幸せじゃないと、人を幸せにもできないので。（60代男性）

●**息子**には**「自分の好きなことをやって一生過ごせたらいいんじゃないか」**と伝えたい。仕方なく何かやっちゃったとか、あんまり妥協する人生の選択は、絶対しないでほしいなって思います。（50代男性）

● **「過去から未来へ引き継ぐ」**ということの大切さを伝えたいですね。また、**「自分だけでなく、みんなとつながる」**ことも重要。そのほうが大きくて力強いものが生まれると思っています。(50代男性)

● 昔、仕事の恩師に「人生も商売も**凧揚げのコツ**で行け。夫婦関係でいえば、妻が糸で、夫が凧だ。商売の糸は、ピンと張り過ぎてはいけない。風がやんだときにまっさかさまに落ちてしまうぞ」と言われた。私にとって大事な人生訓で、**子供たち**にも伝えたい。(70代男性)

● **「子どもを持つ人生を選んでよかった」**ということを**娘**に伝えたいですが、「だからあなたも母親になるべき」という価値観の押しつけにならないように伝えられたらと思います。人生の価値は、持ち物や経験の足不足ではなく、いかに自分らしく悩んで模索して生きたか。そんな価値観をしっかり伝えつつ、それでも「あなたに会えてよかった」と彼女に伝えられたらいいなと思います。(50代女性)

● **「人は正しいことばかりでは生きていけないと思う」**と**好きな人**に伝えたい。(40代女性)

● **思いやり、人へのやさしさ。**政治、行政、ビジネス、個人の関係、すべての基本だと思うのですが、自分も含めて、なかなか徹底することはむずかしく、他者も、自分自身をも、傷つけることが少なくないので。（50代男性）

● **息子**に**「生まれてきてくれてありがとう」**と伝えたいです。（50代女性）

● **今のパートナー**には**感謝**しかないです。（50代男性）

● **その瞬間の思い**。美味しいとか、似合っているとか、寂しいとか、会いたいとか、ありがとうとか……相手は**それぞれその瞬間を共有している人**。（40代女性）

● **「誰に対しても誠実でありなさい」**と**我が子**へ伝えたい。（50代女性）

● **娘**に**「人との出会いは大切にしよう」**と教えてあげたい。人間は1人では生きていかれないので、どれくらい多くの人と出会い助け合えるかで豊かな生涯が送れるかが決まると思う。（40代女性）

● **家族**に**「感謝する、貢献する、楽しむ、極める、成長、変化は起こすもの、やりきる、時間を守る、礼を正す、場を清める、やってみる、なんとかなる、ありのままで」**という価値観を伝えたい。（40代男性）

● **「全部を好きになることはできないけれど、何をされても結局は大好きだなって思えるよ」**と**夫**に伝えたい。（40代女性）

●ある時**友人**から「病気を患って……」と告白され、動揺してありきたりのことしか言えなかった。その後、治療を終えて無事に仕事復帰した時に、「おかえり!」とさらっと伝えられたけど、心の中では**「これからも一緒に仕事したり、遊んだりできるといいね」**と思っていました。(40代女性)

●**娘**に**生きることの難しさと楽しさ**を伝えたい。(40代男性)

●**これから関わる人たち**(特に仕事関係)に、**「今やるべきことは今やる、先延ばししない」「人生を楽しむ、誰かと一緒に」**ということを機会があればそのたびに伝えたい。(50代女性)

●**「人に好かれる人になれ!」**と**子供**に。(40代男性)

●**主人**に、**どんな相手にも思いやりを持って接すること**が信条であることを生活の中で伝えておきたいし、それを共有できる相手である主人と、**出会えて幸せであることと、奇跡のようであること**は、機会あるごとに伝えています。(40代女性)

●この世で価値があることは、**今生きているか、生きていたことがあったたか**、だけ。それ以外はほんの些細なこと。そして生きている限りはその些細なことに振り回され続ける。(40代男性)

● **妻**と**娘**に、**夫・父親**としての**強さと弱さ**を伝えたい。（40代男性）

● 安野モヨコの『働きマン』というマンガに**「あたしは仕事したな――って思って死にたい」**というセリフがあります。私がもし過労死しても、**親**や**友人**にはこの言葉を伝えて納得してほしいと思っています。（30代女性）

● **妻**に**「いつもありがとう」**と伝えたい。（40代男性）

● 子供はいないので**甥**、**姪**他若い世代の方々。**挨拶をきちんとすること。相手の立場になって嫌な思いをさせない人間になること。目上の人にかわいがってもらえ、年下の人からは慕ってもらえる存在になること。**（50代女性）

● 価値観は人によってそれぞれ違うので、**誰かに伝えたい価値観はない。**（70代女性）

● いつかどこかの組織に所属する**息子**に**「たどり着いた場所が自分の場所」**と伝えたい。どこにいっても他者との関係をきちんと構築して、自分の居場所を見つけてほしいから。（40代女性）

● **「大切な人がそばにいること、それが幸せ」**だと息子に伝えたい。（50代女性）

● **「女性としての自分の体、自分の考えを大切にすること。同じくらい、相手の体、考えを大切にすること」**と**娘**に伝えたい。（40代女性）

**Q.** あなたは誰に、どんな価値観を伝えたいですか？　それはなぜですか？

**Q.** あなたの身近にいらっしゃる大切な人を1人思い浮かべてみてください。その方は、誰にどんな価値観を伝えたいと思っているでしょうか？　想像してみてください。

質問

# 3

# どのようなタイミングや場所で何かしてもらうとうれしいですか？

執筆者の方々に「大切な人には、どのようなタイミングや場所で何かをしてもらうとうれしいですか？」と質問しました。回答を読むと「日常的空間がいい」という人と「非日常的空間がいい」という人とで二分されたように感じました。

読者のみなさんはいかがでしょうか？　最後（355ページ）に記入欄を設けてあります。「あなたはどんなタイミングや場所で何をしてもらいたいと思っているか？」「あなたの大切な人はどんなタイミングや場所で何をしてもらいたいと思っていそうか？」を考えていただけたらうれしいです。

● 一緒に歩いている時に、ふと「あのときはこうだったよね～」と**思い出を話しながら、そっとありがとうねと言われる**こと。（40代女性）

● 私の**休日**に家で**リラックスしているとき**です。（50代女性）

● **寝る前**のいちばん落ち着いているときです。（50代男性）

● 何かの**周年記念**のときの言葉や行動だと、やはり特別感があります。そこを意識して、特別に考えてくれたものだと思うからです。（40代男性）

● 深く共感する経験は、特別なタイミングや場所というよりは、**日常の中**でこそ生まれやすいのではないかと思います。（40代男性）

● **自分が弱っているとき**に優しい**言葉をかけてもらえる**とうれしい。（40代女性）

● **迷っているとき**、**大きな判断をするとき**。場所は、**家**。（40代男性）

● **その人が悩んでいるとき**に、**相談**してもらえるとうれしい。（50代男性）

● **妻**に、**自宅で一日の終わりに子どもの話**をしてもらうのがうれしい。その日、子どもがどんな感じで家に帰ってきたのか、悩んでいるのであれば、手助けしたい。嬉しいことがあったのであれば、共感したい。（40代男性）

● 自分自身が**目立たないところでファインプレーをしたな**というときに、それを気づいて**褒めてくれたら**とてもうれしい。（30代男性）

● **「家に帰ってすぐ」「起きてすぐ」ではない**とき。事前に予告してもらい、聞いたり

話したりする準備ができるとうれしい。（40代女性）

● 何でもない、**ふとしたとき**。（30代男性）

● 普段の、**特に何でもない**とき。（40代女性）

● 特別な場所や時間ではなく、**日常のふとしたとき**が嬉しいです。（30代男性）

● **旅行での宿か運転中**。他にすることがあまりない時なので、落ち着いて話せるし聞けるから。（40代男性）

● **息子**には、何でも疑問に思ったことは**その都度聞いてもらって**見識を広めてもらいたい。（40代男性）

● 一緒にいるときなら、**いつでも**。（40代男性）

● **日常のひとコマ**で。「よし、話そう」な雰囲気の中で話させるよりも、予期していないふとした瞬間に聞かれたりやってもらったほうが嬉しい。演出されたドラマチックより、自分の中で察した何気ない相手の良心のほうが嬉しい。（40代男性）

● **息子**とだったら、**夜**、かみさんが寝た後にリビングなどで。息子も音楽をやっているので、一緒にギターを弾きながら、その流れで**「仕事はどう？」なんて話をする**のが自然だし、うれしいです。（50代男性）

●**妻と話す**のは、**車に乗っているとき**です。運転席に自分、助手席が妻。子供たちが2人後部座席にいることもあります。運転時に話す利点は、「同じ方向を向いて動きながら話すこと」「途中で席を立てないこと」「でも目的地に着くまでに話を終えようとすること」です。銀行マンの方が「部下にアドバイスするのはどのタイミングがいちばん良いですか」と聞かれて「同行訪問している車の中です」と答えていた記憶があります。（50代男性）

●**お酒**を飲みながら、**家族でワイワイガヤガヤとした雰囲気の中で話す**のが、いちばん話しやすい。（70代男性）

●**娘**が**大人になり、同じような問題に同じような場面で悩んだとき**。同じ女として、人間として、「あなたはどうしてそうしたのか」と聞かれたら、きちんと彼女と向き合い、「私のケース」としてじっくり話すと思います。お酒など飲みながら話すのもいいかもしれないですね。（50代女性）

●何も話さなくてもいいから、**小さなライブハウス**でわたしの隣に座っていっしょに**音楽**を聴いてほしい。（40代女性）

●**時間に余裕のあるとき**、**できれば静かな場所で**。本当は、ひと言、ふた言で、伝え

たいことを伝えられたらそれが良いと思いますが、話が下手なので、簡潔に語れる自信がないため。（50代男性）

●**他の人がいないとき・場所**（家・車の中など）。（50代女性）

●**家に帰ってすぐ**。理由は、家がいちばん正直な感情でいられる場だから。（50代女性）

●**運動をしているときに家族から応援してもらう**のが最近いちばんの喜び。（40代女性）

●**特に場所やタイミングは問いません**。（40代男性）

●私の作った**ご飯**を美味しかったと食べて、**ふと思いついたように**。（40代女性）

●大事なことほど気持ちが熟さないと言えないこともあるので、伝えたいことは**自分のタイミングで自分から伝える**のがいちばんだと思う（二度と会えなくなって後悔することになっても、後悔って悪いことではないと思うから）。（40代女性）

●**リラックスしているとき**。ゆっくりと相手と向き合えるから。（50代女性）

●**お風呂**にはいりながら。（40代男性）

●**主人**と喧嘩をして、仲直りをするために話し合う際に、**その場から逃げ出さず、しっかりと思うことを伝えてもらう**と喧嘩も喧嘩でなくなり、今後どう物事をどう伝えたらいいか、どんな語り口で話したらいいかわかっていくのと、相手にも自分の考

え方が伝えられるので嬉しいです。(40代女性)

● **仕事中以外**ならいつでもOKだと思います。(40代男性)

● 落ち着いて話ができる時間、場所が確保されている場面(例えば、**記念日**、**誕生日**など)。(40代男性)

● 旅先、例えば**飛行機の中**、**列車の中**、**旅館での食事時**などが印象に残る。(40代男性)

● 特に場所は選ばないですが、**部内の集まりやランチ時**などに**相談**されれば対応してあげたい。(50代女性)

● **妻**や**子ども**に、**悩んでいるとき**、または**悩む前**にいつでも良いので、**気軽に聞いて**ほしい。(30代男性)

● 気恥ずかしいので、**お酒を飲みながら**。(40代男性)

● **家で寛《くつろ》いでいるときにリビング**で聞かれたらゆっくりと**お茶でも飲みながら話せる**と思うので、嬉しいです。(40代女性)

● **食事**をしているとき、**お酒**を飲んでいるとき、**旅行**に行っているときなど。(50代男性)

● タイミング・場所は、特にこだわりはない。聞かれることは恐らくないから、**聞か**

**れること自体が嬉しい。**（40代男性）

● 個人的には「言うよ〜言うよ〜」と準備をされるよりも、ふとしたときに**サプライズ的なタイミング**がいいですね。「明日言うから！」なんて言われたら身構えちゃいます（笑）。場所は、あまりざわざわしているところよりも、静かなほうがいいですね。他の人がいない空間。なんだったら**電話でもいい**くらいです。（40代男性）

● **自分の話を真剣に聞いてくれる**のであれば、タイミングも場所も選びません。自分の子供が小さいときは、お正月や、誕生日で自分が大事にしている価値観を言葉にしたものを送りましたが、最近ではすっかりそれもやらなくなりました。ただ、少なくとも、子供の卒業や、就職等のタイミングでは、「お金」や「もの」よりは、**「餞（はなむけ）の言葉」**として、自分が大切にしている価値観や言葉を伝えたいと思います。（50代男性）

● **自分が受け入れられる状態**のとき。**時間と心に余裕**があるとき。（50代女性）

● 家族で**お風呂**に入っているとき。リラックスした状態で、いろいろな**話を聞いてもらう**こと。（10歳男性）

● **旦那**と結婚する何年も前に2人でテレビを見ていて、旦那さんが奥さんの髪を乾かしてあげてるのをみて、「いいなぁ！　やってー！」と言ったら「そのくらい自分でしろっ！　俺は絶対やらないから！」と言われたことがあった。そんな昔の会話忘れていたのだが、今年の夏に流産をして**悲しみにくれていたとき**、「よーし、髪乾かしてやる！」といって**ドライヤーをあててくれた**ときにびっくりしてすごく嬉しかった。（40代女性）

● 独り身ということもあり、**病気など思いがけないようなことがあった場合**に**友人**などが惜しみない**協力を申し出てくれる**ときは嬉しいです。（40代男性）

● こちらから**あれこれ尋ねる前に家族**が自分のことを**話してくれる**。（40代女性）

● **妻**の場合、うれしかったのは**車の運転時**に寝ないで**話し相手になってくれた**とき。子どもなしでランチなどを食べにいったときに、子どものこととか仕事のこととか、普段あまり話せないことを話せたりするのもうれしい。**子ども**の場合、**お風呂に入っている**とき。**学校であったこと**や、**学校の悩み**などを話してくれた。（40代男性）

● **お酒が入ってないとき**がいいです。きちんと**伝えたい**ので。（40代男性）

● **妻**や**父母**、**兄弟**に、**自分の近況をただ聞いてもらっている時間**を持てるのがうれしい。（40代男性）

- **常にコミュニケーション**をとり続けることが嬉しいです。（50代女性）
- **ふとしたタイミング**に言われたことの方が嬉しい気がします。**夕食時**に**妻**と話をしたり。仕事仲間とメールで事務的な報告をする中で、Ｃｃにアドレスが入っていた上司から最後に「（この案件がうまくいって）良かったな」と**ひと言メール**が来たりとか。（40代男性）
- 特別な場所や時間ではなく、**日常の中**でコミュニケーションをとるのが大切だと思っています。（30代女性）
- 日常に**なにげなく**。（40代女性）
- 大事な話は、事前に伝えられた上で、**あらたまった場**で聞きたい。心の準備ができるし、ふだんの会話の中で言われても聞き流してしまうかもしれないので。（70代女性）
- 日常生活の何気ない瞬間、**食事のとき**など。（50代女性）
- **相手と自分しかいない場所**で、してほしいタイミングで。（40代女性）
- 普段の**日常の会話**から。（50代女性）

Q. あなたは、誰に、どのようなタイミングや場所で何かをしてもらうとうれしいですか？

Q. あなたの身近にいらっしゃる大切な人を1人思い浮かべてみてください。その方は、誰に、どのようなタイミングや場所で何かをしてもらうとうれしく思ってくれるでしょうか？　想像してみてください。

質問

# 4

# 大切な人からしてもらって、うれしかったことは何ですか？

**執筆者の方々に「過去に、ご自身が大切な人にしてもらった（話してもらった、聞いてもらった……など）ことでうれしかったことがありましたら、そのお相手と内容について教えてください」と質問しました。**

**回答を読むと、1つの励まし、勇気づけ、寄り添いが、人生の記憶に深く刻まれるということがよくわかります。読者の皆さんはいかがでしょうか？　最後（369ページ）に記入欄を設けてあります。ご自身が過去にしてもらったうれしかったことを思い出し、そして身近にいる大切な人を喜ばす方法についても考えていただけたらうれしいです。**

● **ママ**に、「僕のこと好き？」と聞いて、**「好きだよ」と言ってもらう**こと。（10歳男性）

●私が大学生の時に親友を家に招いて会話をしていたら当時**7歳の弟**がレストランの店員さんの真似をして、「いらっしゃいませー」といって子供用のスヌーピーのエプロンをして**ジュースを2人分運んできてくれた**こと。(40代女性)

●会社を辞めて、生き方に迷いがあった時に、長野に住む友人が**長野への旅を勧めてくれました。**そのおかげで、次の人生に進むアイデアが生まれ、今に至ります。また、特に困っていたわけではないですが、**恩師**に**「金銭的に困るようなことがあれば、いつでも頼ってきなさい」と言っていただいた**ときもうれしかったです。(40代男性)

●**主人**と**子ども**が、**病気の時におつかい**をしてくれた。(40代女性)

●小学校のときに、誰かを無視をするのが流行ったときがあり、自分が無視される番になったときに、みんなの流れに加担することなく**無視をしない友人**がいた。その勇気に敬服した。(40代男性)

●父の病気について、**高校時代からの親友**に夜遅くまで**電話で相談**にのってもらったときはすごく助かりました。彼女は電話口で私の話に泣いてくれました。(30代女性)

●**自分自身の人生や仕事の選択について迷っているとき**に、**アドバイスを求めても**

**らった**のがうれしかった。（40代男性）

- 将来について悩んでいたとき、**当時の恋人**に**心理学の本をプレゼントされた。**その本自体はそれほど役には立たなかったが、その想いはありがたいと思った。（40代男性）
- 落ち込んだときに、そっと**温かいコーヒー**を差し出してくれた。言葉はなくても、応援しているよという気持ちが伝わってきた。（40代男性）
- 後から振り返って自分がつらかった時、**友達**が自分を**思ってくれていたことを知ったとき**。（30代女性）
- 結婚式の祝辞で、大学時代の先輩から、私が競技ダンスで努力を積み重ね続けて、**先輩**が指導をしながら、成績を出したことが**自分の誇りだと言われた**こと（今でもお酒が進むと言われます）。また、人生に悩んでいて、いろいろと試行錯誤（迷走）していた時に**仲間**から**「今やっていることはお前に合ってない」と言われた**こと。あまりネガティブなことを言わない人が愛を持って言ってくれたので嬉しかった。（40代男性）
- **大学時代の友人**が貴重な時間を割いて、**転職祝い**や**転勤壮行会**、**病気になったとき**

**に激励会を開催**してくれた。そのことが自分の励み・エネルギーになり、本当にうれしかった。(40代男性)

● 過去に離婚した際に、話を聞いて、いろんな形でサポートしてくれた友人、同僚、先輩などの存在が嬉しかったです。**「人生はお祭りだから、ワッショイ、ワッショイ、と辛いことがあっても、進み続けることが大事」**と励ましてくれた**職場の先輩**のメールに泣きました。何も言わず楽しい食事に連れて行ってくれて、最後の〆のゴハンのときに「で？」と話を聞いてくれた同期の仲間にも泣かされました。(50代女性)

● 二十数年前の**上司**に**「当時はこれこれこういう理由で君には厳しく当たった。君は見事それを乗り越えてくれた」**と。二十数年ぶりに出会って居酒屋で飲んだ時にそんな話を聞かされた時は驚き、かつうれしかった。(40代男性)

● 親戚のように親しくお付き合いさせていただいている**ご夫婦**がいて、旦那さんは経営者で、もうすぐ定年を迎えようとしています。そのご夫婦と食事をしている時、「仕事は難しい」という話をしたところ、**「たかが仕事だよ」とひと言、言ってくれました。**仕事で大きな成果を上げた人からそのような言葉をかけてもらえて肩の荷が下

りた気がしました。とても嬉しかったです。（40代男性）

- **母親**に、恋がうまくいかなくて電話で話を聞いてもらった際、「あなたの価値がわからないような人とは別れた方がいいよ」と**自分以上に母が怒っていて**、笑ってしまい、元気がでました。（40代女性）
- 仕事で行き詰まった時に**夫**から**良いアドバイス**をいただけたことです。（50代女性）
- **妻**に、**なぜ私のことを愛しているのか**詳しく教えてもらったときです。（50代男性）
- **義理の父**に、結婚する時に妻の実家へ挨拶に行って報告した際、結婚了承の返事をはっきりと言葉でもらえなかったため不安だったのですが、そのまま**地元のいろいろな名所に連れて行かれ、案内された**時に「あ、歓迎してくれているんだな」とわかって嬉しかったです。（40代男性）
- 自分が深く**「共感してもらえた」**と感じた場面が心に残ります。願っていた成果を上げられたときには「嬉しかっただろう」と、その逆ならば「悔しかっただろう」と、自分のことのように心を重ねてくれた**母**が懐かしいです。（40代男性）
- **友人**に自分が辛い時に**話を聞いてもらった**。話を聞いてもらえるだけでも気持ちを落ち着けることができたのでありがたかった。（40代女性）

● ある試験に3回目の挑戦でようやく合格。当然嬉しかったが、**妻**にその報告をした時に**顔をクシャクシャにして号泣し、よかったね、がんばったね、と自分以上に喜んでくれた**ときに初めて頑張った自分を認めてあげることができた気がします。(40代男性)

● **妻**が、ご飯を食べる時は毎回、自分が終わっていても、**私が食べ終わるまで付き合ってくれた**。小さなことだが、当たり前のようで、なかなかできないことだと思う。(50代男性)

● **息子**とサッカーをし、**上達するためのアドバイスを求められた**とき。どうやったら上手にトラップ出来るのか、もっとドリブルを速くするためには、シュートを強く打つためにはなど、昔取った杵柄《きねづか》(サッカーコーチ)の経験が活きている。(40代男性)

● **祖母**にはとてもお世話になり、今自分があるのは祖母のおかげ。高校1年のとき、母が亡くなってから同居ではなかった祖母が毎朝来てくれて、**高校に送り出してくれた**。さらには大学に通う学費も出してくれた。(30代男性)

● 付き合う前の**夫**(のちに下戸と知る)からビールを飲もうと誘われ、自ら**飲めないビールを一口飲み、悩みを聞いてくれた**こと。彼がビールを飲んだのはあとにもさきに

もそのときだけ（のちにほんとにビール飲んでピンチだったと知る）。（40代女性）

● 私が病気で倒れた時、それでも仕事に向かおうとする自分に対して、**妻**が泣きながら「一生仕事しなくても良い。ずっと側にいてくれるだけで良いから、**今はゆっくり休んで**」と伝えてくれたこと。（30代男性）

● 子どもの頃、**祖父**が**私の長所をいくつも挙げて、色紙に書いてくれた**。当時は嬉しいより衝撃のほうが強かったです。でも今なら、祖父の気持ちがよくわかります。（50代女性）

● **母**が亡くなる前に**「自慢の娘」と言ってくれた**こと。（40代女性）

● **娘**から**父の日にプレゼント**をもらったことがあります。図工の授業で作った文鎮ですが、きちんと包装して、いつもありがとうと書いてありました。（30代男性）

● 亡くなる少し前から、**父**は**子どもの頃の話をすることが多かった**けれども、意外とそれは嬉しかった。知らないことだったからかもしれない。（40代男性）

● 自分が精神的にどん底だった時、先日亡くなった**親友**に**「お前はそんなことでダメになる奴じゃない。自分を見失うな」**と激励を込めて叱ってもらった。（40代男性）

● 30歳の誕生日の日。**友人30人ほどの寄せ書き**を**彼女**からプレゼントされ、それはもう嬉しかった。「これ、直接会いに行き、集めてくれたんでしょ」。想いの深さにしびれました。その彼女も僕も今やママとパパ、良き思い出。（40代男性）

●床屋さんに行った翌日に、**「髪切ったんですね」**と言われるとうれしい。自分をちゃんと見てくれているんだと思います。（60代男性）

●**子ども**が**自分の仕事に関心を持っていろいろ聞いてくれた**ときが嬉しかったです。（50代男性）

●社名を決める際、字画を観てもらった。その際、年配の**占い師**の男性が「あんたは10年後に必ず大成する。もしも自分が生きていたなら、**その姿をぜひ見てみたいものだ**」と言ってくれた。どんなに勇気をもらったか……何十年もの間、その言葉が自分の励みになり、今日までやってこられた。（70代男性）

●大きな仕事を引き受けてプレッシャーで押し潰されていたとき、中学校の生徒会長になったばかりの**長女**に「ぐずぐず言っててもしかたないよ。わたしもがんばるから、ふたりでがんばろう。まわりに仕事ぶりを責められても、私たちだけはおたがいに〝**よくやってるよ**〟**って励まし合おうね**」と言われて、泣きました。（50代女性）

●自分が行きづまっていると感じているときに、**同級生**が**「仕事も子育てもがんばっ**

**ているからすごく輝いている」**といってくれたこと。（40代女性）

● 中学に入学する前の春休み、「入学祝いにラジカセを買ってほしいだけど……」と、**父**に遠回しにつぶやいたことがあります。それから1週間ほどして、父が車に乗れと言い、連れていかれたのは、父の友人だというオーディオマニアのお宅でした。そこでは、何も話すことなく、3人無言で、壁一面がスピーカーという超弩《ど》級オーディオで、小6男子には理解できようもないモダンジャズを大音量で聴かせてもらい、再び、無言で車に乗り、石丸電気に寄って、もともと欲しいといっていたラジカセを買ってもらったことがあります。父とは、生前に腹を割って話すことはありませんでしたが、ラジカセを買ってほしいという息子に、**超弩級オーディオを聴かせる**ことで、何を伝えたかったのか、12才なりになんとなく感じ取ることができ、**「僕のことを大切に思ってくれてるんだな」**と、とてもうれしく思いました。（50代男性）

● **親友**に**「たくさんの苦労を乗り越えてきて、偉かったよ」**と言われたとき。（50代女性）

● **娘**が社会人1年目の母の日に**「働いて、お母さんのすごさがわかったよ。お母さんは、私の目標！」**と手紙をくれたとき。（50代女性）

● 自分が病気で辛かったときに**家族**や**友だち**が**そばにいて励ましてくれた**こと。（40

代女性）

●最近ですと、日々の関わりに関しての**お礼のメール**を**息子**がくれたことです。（40代男性）

●自分の大切な人が入院した時、プチパニックの私を気遣って、**友人たち**が**私が受けていた仕事を引き取ってくれた**こと。結局その人は亡くなりましたが、そのあといつもと変わらない雰囲気で接してくれたこと。落ち込んでいるときほど、「いつもと一緒」に癒されて日常に戻れるんだなぁと思いました。感謝しかありません。（40代女性）

●**娘**に**進路について相談された**こと。（40代男性）

●**元彼**から、別れる時に、**「別れても一生忘れないし、贖罪の気持ちを一生持ち続ける」と言われた**こと。それほど大切に思ってくれていたんだと感じたから。（50代女性）

●**上司**に**「君の好きにやったらいい」**と言われたこと。（40代男性）

●何かに怒っている際に、**主人**から、**どうしてそんな気持ちになったのか、その思いは正しいのか聞いてもらえる**と、実は、それがどれほど大したことないことなのか、自分が間違ってるのかなどがわかり、怒ることがばかばかしくなってくるので嬉し

いといつも思います。（40代女性）

● 高校の時、**祖父が自分の一代記を語った**こと。夏休み遊びに行った時、突然自分から半生を語りだしました。当時は元気でしたが、その半年後に亡くなってしまいました。一代記を聞きながら**「もしかしたら話を聞くのがこれが最後になるかも」**という気持ちが頭をよぎっていました。訃報《ふほう》を聞いた時にはやっぱりな、と納得しました。祖父に感謝の気持ちでいっぱいになりました。（40代男性）

● 一見、自由奔放に過ごしているように見える**娘**が、進路や将来のことで眠れなくなるくらい悩んでいたことを**自分に打ち明けてくれた**こと。（40代男性）

● **娘に私と妻との馴れ初めを聞いてもらった**こと。（40代男性）

● ある日会社で私宛に小包が届いて送り主が**上司**からだったので何かと思ったら高級スパ券が入っていて、**激務のご褒美**でした。あまりにもさりげなくスマートな贈り物だったのでびっくりしたのを覚えています。上司の気遣いにはいつも感謝しています。（50代女性）

● **親に**テストの点数が赤点でも**「勉強しろ」とは一言も言われなかった**こと。予備校や大学など、お金は何も言わずに支払ってくれたこと。仕事の選択も何も言わなかっ

たこと。子どもができてから、それが大変な事がすごく身にしみています。（30代男性）

● 小学校低学年の頃、自宅前の路上で年上の子と取っ組み合いのケンカになったが、ちょうど犬の散歩から帰ってきた父が仲裁に入ってくれた。その日の夕飯の席で、怒られるとばかり思っていたが、父は「あのキックは、きれいに決まったなあ」と**感心しながら聞いてくれた。**（40代男性）

● まだ5歳だった**娘**に、大晦日の夜**「今年も一年お疲れ様でした。お母さん」と労われた**ことが嬉しかったです。本人は覚えてませんが……。（40代女性）

● **妻**が、独立起業して、収入が減少している状況でも、**温かく見守ってくれ、励ましてくれている**こと。（50代男性）

● **親友**から、過去にその親友が好きだった相手との再会に際しての**悩みの相談を受けたこと。**（40代男性）

● 若い頃**友人**が、**自分が失恋したときの愚痴**を聞いてくれたこと。（40代男性）

● 海外に駐在中に、自分の時間があったので、少し長めの文章を創作していました。それを**日本にいる方**や、**お会いしたことがない方**が、たまたま目を通してくださり、

**わざわざ感想をくださったた**とき、とても嬉しかったです。年をとるにつれて、（仕事以外で）自分ができること、表現できるもの（スポーツも含め）が少なくなり限られてもくる中で、自分が表現したものを誰かが見てくださり、感想をいただけることはとても嬉しいものだとあらためて実感しました。（50代男性）

● 私が悩んでいることに関して、詳しく聞かないのに察して、**ヒントとなるアドバイスを投げてくれた**こと。（50代女性）

● 息子の大学入学が決まった時に、**私の姉**が私に「お疲れ〜」と**ワインセットを送ってくれた**こと。（40代女性）

● **義理の母**が、**義理の父とのなれそめ**や**若いころの苦労**、**夫の子どものころの話**をしてくれたとき。また、自分の母親（私にとっての義理の祖母）の死後、**悲しみを隠さず泣きながら気持ちを話してくれた**とき。（40代女性）

● 亡くなった**母**に**「あなたと話していると心がポッと温かくなる」**と言われたとき。（50代女性）

Q. 過去に、あなたが大切な人にやってもらった（話してもらった、聞いてもらった、してもらった……など）ことでうれしかったことは何ですか？

Q. あなたの身近にいらっしゃる大切な人を1人思い浮かべてみてください。その方は、誰にどんなことをしてもらうと喜んでくれそうですか？ 想像してみてください。

質問

# 5

# 今はお会いできない方に対して何を行なっていますか？

執筆者の方々に「今はお会いできない方に対してご自身が行なっていること（例：お墓参り、ときどきその方を思い出すなど）がございましたら、教えてください」と質問しました。

回答には、質問の際に例で挙げさせていただいたこともあり、「お墓参り」「ときどき思い出す」が多かったです。読者の皆さんは、日々どんなことを行なっていらっしゃいますか？　また、今はお会いできない大切な方は、あなたが今後どんなことをしてくれると喜んでくれそうですか？　最後（379ページ）に回答欄を設けてありますので、考えていただけたらうれしいです。

● 故人を知る人同士で**思い出話**をすること。**「人は忘れられた時に本当の死を迎える」**

と聞いたことがあるので。また、故人に対してできなかったこと（後悔していること）を、周りの人にするようにしています。同じ後悔を繰り返さないためでもありますが、そうすることで故人も喜んでくれるような気がします。（40代女性）

●亡くなった**義祖母**が、**カレーはルウを練りながら煮る**のがコツと言っていたので、**実践**している。（40代女性）

●亡くなった**同級生**などは、酔っぱらって帰る帰り道など**ふとした瞬間によく思い出す**。しっかりと生きられているか、自分を律する気持ちになれる。（40代男性）

●その人が**生前に話していた言葉を思い出す**ようにしています。（30代女性）

●何かアクションを起こすとき、**先人だったらどうしたか**、そして未来に何ができるかを考えます。（30代女性）

●祭壇にお祈りするときに、**ご先祖様への感謝の気持ち**を念じている。（40代男性）

●**遠くから見守ってください**と常に祈っています。（50代女性）

●25年前に記者の仕事を始めて以降、ほぼすべての**記事をスクラップ**している。それらを眺める度に**お世話になった人**を思い出し、心中で感謝の言葉を述べている。（40代男性）

●**母**が亡くなった直後はとても悲しかったです。墓は実家の北海道にあります。父親が、母の遺影を小さくプリントして、100円ショップで買ったフォトスタンドに入れてくれました。当時はそれを、東京で独り暮らしをしている**部屋の本棚に飾って毎朝、拝んでいました**。拝む時は写真に写っている母の目をじっと見ます。そうすると母が近くにいるような気になるからです。そうやって6年くらい拝んでいたら、もう写真を見なくても、母が身近にいるように感じられるようになりました。なので今はもう、その写真を拝むことはありません。（40代男性）

●常に思い出し、今日はどの辺にいるのかな～と想像したり、**思い出を何度も繰り返し、風化しない**ようにしています。（40代女性）

●就寝前に手を合わせて**その人のことを思い出してから寝ます**。（50代女性）

●子供のころ優しく見守り育ててくれた**祖母**のことをときどき思い出して心のなかで**感謝の言葉を話しています**。（50代男性）

●身近な人が亡くなるということは、聞きたいことや伝えたいことが次々と湧いてくるのに相手はもういないということです。返事を得られないことはわかっていても、**遺影に向かって独り言のように語りかける**ことがあります。（40代男性）

- 大変だったり辛いときは、**祖父母に言われた言葉を思い出す**。（40代女性）
- 写真を見て**エピソード**を思い出す。**年賀状**を見る。（40代男性）
- 経営的に苦しいとき、**父だったらどうしただろうか**、**母だったらどうしただろうか**と考える。（50代男性）
- お墓参りと、思い出を感謝とともに**物語などの文章にして書き残す**こと。（30代男性）
- お墓参り。線香をさしあげる。お茶、お酒をさしあげる。1日のおりおり、心の中ではいろいろ問いかけています。**どう考えていたのかな**とか。（40代女性）
- 帰省の際に、**墓前や神棚の前で話しかける**。（30代男性）
- 理解しきれてなくて申しわけなかった気持ちを、**ときどき思い出します**。心のなかで、話しかけています。（50代女性）
- 所属の乗馬クラブの創始者の先生のことは、**折に触れて思い出します**。（40代女性）
- 9歳の頃に亡くなった**祖母**はとても優しくしてくれました。遠方ですが、なにかの**節目のタイミングでお墓参り**に行き、**報告**をしています。（30代男性）
- 日本酒を飲むとき、二級酒を常温で飲む。**亡くなった父親の飲み方**。（40代男性）
- **墓参り**。6年前に父を亡くしてからは行く機会が多くなりました。（40代男性）

●ときどき**思い出します。**（40代男性）

●ふと思い出す、その瞬間の想いを必然だと思うようにしています。その際、**出来るだけ鮮明にその人の姿をイメージ**します。（40代男性）

●仕事がきたら、**父母**に必ず**「ありがとうございます」**と感謝するようにしています。（60代男性）

●**先祖へのお墓参り**は欠かさないようにしています。ただ、**自分の心の整理**のために行っている感じです。（50代男性）

●東北にある親の墓参りには、東京から車で思い立ったら行くようにしている。例えば、「明日仕事を休みにできそうなので行ってくる」といった感じで。実家には誰も住んでいないが、**父母**が生前お世話になった**近隣数軒には必ず手土産を持参して顔を出し、ひと言挨拶**をするようにしている。（70代男性）

●価値観の違いや、互いの環境が抱える障害から**一緒に暮らすことを諦めた人**がいます。その人とは、生きているうちは互いの誕生日に相手のことを思い出し、どちらかが死んだら、その命日に相手のことを思い出そうね、と話して別れました。まだおたがいに存命で、それを覚えている年には**約束どおり相手を思い出します。**忘れ

てしまって「あ、そう言えば」とあとから思い出す年もありますけどね（笑）。（50代女性）

- 毎日、心の中で**その人**に語りかけます。その人の誕生日にはケーキを焼きます。その人といっしょに聴いたライブをひとりで聴きに行きます。ライブに行くときにはだいたい友だちを誘うけれど、その人との**思い出ライブにはひとりで行きます。**（40代女性）
- **亡くなった娘**には、命の大切さを教えてくれたことの感謝と、**私を母にしてくれたことの感謝**を伝えています。**父**（も亡くなっています）には、**〝緻密さ〟の大切さを遺してくれたこと**（測量技師だったので、仕事についてはとても繊細でした）**に感謝**を伝えています。（50代女性）
- お墓参りをし、**毎日仏壇に手**を合わせています。（40代女性）
- その方の**誕生日には、必ず思い出します。**心の中で名前を呼びます。（50代女性）
- 時々**その方々を思い出すような時間を作る。**やっていただいたことで嬉しかった事を他の人にもする。（40代男性）
- 生まれてくることのできなかった**赤ちゃん**に対しては、**お腹をさすって思い出しま**

**す**。（40代女性）

- **家族**が亡くなったときに**『千の風になって』**という歌が流行っていて、なんとなく**歌詞に気持ちが同調して、思い出すこと**が自分に合っていると思いました。お墓参りもしますが、思うことの方が気持ちの助けになっています。（40代女性）
- ときどきその方を**思い出す**。（40代男性）
- ときどき思い出す。**思い出したらお墓参りの代わりになる気がする**から。（50代女性）
- いつも**自分の心のど真ん中**にその人がいる。（40代男性）
- ことあるごとに母を思い出し、**迷った時は、母だったらどう思うだろうか、どう行動するだろうかを考えます**。思いやりのある優しい人だったので。（40代女性）
- 亡くなった**恩師**に何も恩返しできていないことを長らく後悔していました。数年後、ある夢を見ました。畳に寝そべり、「これからはさあ、（俺にたよらず）もうお前一人で頑張ってくれよ」とわらいながら恩師が語りかけてくる夢でした。**「デキないなりに、なんとかやってますよ」と時々思い出します**。（40代男性）
- **恩師**が自身の将来の夢を肯定し、応援してくれたことを実現するべく、**現在も努力しています**（小説を書き続けること）。（40代男性）

- 毎日仏壇に手を合わせて**祖父に挨拶をする。**（40代男性）
- 亡くなって会えなくなった父とは遺影に向かってぶつぶつ語り掛けます。**「なんでいなくなっちゃったの？」**と。（50代女性）
- マラソンなどで、辛い時に**「ありがとう」と唱えていると思い出す。**（30代男性）
- 父の小さい遺影を自宅に置き、**子どもに「あなたのじいじは、こんな人だったんだよ」**と伝えている。（40代男性）
- お彼岸やお盆の際のお墓参りの他に、命日のあたりで毎年簡単な法事を行なっています。**日常のふとした折に亡くなった母の話題が上がる**こともあります。（40代女性）
- ほぼ毎日、**仏壇に手を合わす。**（50代男性）
- ありきたりですが、**家族**でしたら**お墓参り。家族以外**でしたら、その人に由来する出来事の際に**その方に神頼み**をしたりします。（40代男性）
- 最近は、地方や海外で生活する機会も多くなり、自分がその土地を離れると、もう（その土地に）戻れない可能性が高いため、「もしかしたらこの方とお会いするのは最後かな」と、意識する場面が多くなりました。実際、そうした方々の大半とお会いできません。亡くなられた方も少なくありません。より「一期一会」の精神を大事にするとともに、自分では、**その「最後かも」と思う場面を意識し、しっかり挨拶をする**こと、その場面を忘れないようにすることを心掛けています。（50代男性）

● ときどき**話しかける。**（50代女性）

● ベトナムにいる**従弟**のたっくんに、**ときおり会って遊びたいなぁ**と思う。（10歳男性）

● 毎朝カーテンを開けて空に向かって**祖父**と**祖母**に**おはようと言う。**（40代女性）

● 折に触れて**恩師**から教えていただいたことは思い出し、**対人関係などで活かす**ように心がけています。（40代男性）

● 毎朝仏壇にお水とお茶を供え、寝る前には仏壇に手を合わせて「今日もありがとうございました」と唱えている。**母親**にはときおり**「あのときはケンカしてごめんね」と過去の親子げんかについて謝る**こともある。妹の月命日が来たら仏壇に花を飾る。（70代女性）

● 空を見て、母に話しかける。道端や花屋で母の好きな花を見つけたときに、心の中で話しかける。**一日に数回、話しかけている。**（50代女性）

● **母が若いころに着ていた衣類やアクセサリー**を身に着けています。（40代女性）

● 彼の命日には**花を送っています。**（50代女性）

Q. 今はお会いできない大切な方に対して、あなたはどんなことをしていらっしゃいますか?

「　　」

Q. 今はお会いできない大切な方は、あなたが今後どんなことをしてくれると喜んでくれそうですか?

「　　」

# おわりに

本書の締めくくりとして、編集中に感じたこと、考えたことについて、いくつか触れておきたいと思います。

**〈「匿名掲載の是非」について〉**

何人かの執筆者から「実名掲載のほうが、より真実味を感じられるのではないか？」というご意見をいただきましたが、最終的にすべて匿名（年代と性別のみ記載）とさせていただきました。匿名であることで執筆をご承諾してくださった方が一定数いたこと、また委員会としては肩書きや氏名を敢えて掲載しないことで先入観を入れずにアドバイスを読んでいただけたら、と思ったからです。

**〈「後悔の捉え方」について〉**

本書企画の背景には「身近な人間関係における後悔を少しでも減らせたら良いのではないか？」という思いがありました。けれども、執筆依頼の際、「自分は後悔をしないことにしている。だから後悔をもとにしたアドバイスはできない」といったご意見や、「後悔はそもそも減らすべきものなのか？　後悔が大きいからこそ、その後の人生を豊かにできるのではないか？」といったご意見をいただきました。多様な意見を共有したくて本書を企画したにもかかわらず、委員会が「誰もが後悔をするもの」「後悔は少なければ少ないほど良いもの」といった先入観にとらわれていたのだ――と気づかされました。ご意見をくださった方々、どうもありがとうございました。

**〈執筆者の年代内訳について〉**

執筆者の年代内訳ですが、「10代／2名、20代／1名、30代／8名、40代／54名、50代／35名、60代／4名、70代／8名、80代／1名」です。40代と50代が大半を占めている理由は、委員会のメンバーが40代後半で、仕事仲間や友人に多数依頼したためです。

なお、執筆者の年代は「執筆時」（２０１９年末頃）で表記しています。２０２０年の本書発行時にちょうど50歳となる方が多数いらっしゃいますが、その方々は「40代」で掲載しています。

**〈コロナ・ショックの渦中で〉**

本書編集中の2020年始めに感染拡大が始まった、新型コロナウイルス。その影響は日に日に大きくなっています。私たちのコミュニケーションのとり方は劇的に変化し、従来の価値観は大きく揺らいでいます。原稿はすべて「ビフォー・コロナ」の時代にご執筆いただいたものです。「大切な人に会いに行こう」「寄り添って話を聞こう」といった、本書を通して委員会が提案したかったアクションはとりづらくなっており、「本書をこのタイミングで出版すべきか?」「内容を一部変更すべきか?」などを逡巡する毎日でした。

ただ、その一方で、**「時代を超えて大切にしたいもの」**は必ずあるのではないかと思うようにもなりました。「ウィズ・コロナ」と称されるであろう現在および未来を豊かに生き抜くヒントもまた**「身近な人との人間関係」**にあるのではないか——? そう考え、このタイミング(2020年5月)での出版に至った次第です。

最後になりますが、寺沢俊哉さん、茂木美里さんに、執筆者を多数ご紹介いただきました。お2人のご協力なくして本書は完成しませんでした。感謝しています。

## 本書のご感想・ご意見をお聞かせください

小さな小さな出版社ですので、
お客様からのご感想・ご意見に勇気づけられ、
今後の大きな励みになります。

**本書に同封のハガキ**

（大変恐れ入りますが切手を貼ってご投函ください）

または

**『聞けばよかった　話せばよかった』特設サイト**

**http://maru-publishing.co.jp/yokatta**

で、ぜひお客様のお声を聞かせてください。

※ お客様のお声は、新聞・雑誌、広告、POP、ホームページなどで
匿名にて掲載させていただくことがございます。ご了承ください。

# 大《たい》切《せつ》なあの人《ひと》に
# 聞《き》けばよかった　話《はな》せばよかった

2020年8月24日 初版第2刷発行

**装丁・本文デザイン**　三森健太（JUNGLE）
**イラスト**　北村人
**DTP**　株式会社センターメディア
**編集協力**　野口武

**Special Thanks**　寺沢俊哉　茂木美里

**編者**　聞《き》こう話《はな》そう委《い》員会《いんかい》

**発行者**　高橋淳二
**発行所**　株式会社まる出版
〒151-0053 東京都渋谷区代々木1-39-11-605
電話：03-6276-1456　FAX：03-6276-1458
http://maru-publishing.co.jp

**発売**　サンクチュアリ出版
〒113-0023 東京都文京区向丘2-14-9
電話：03-5834-2507　FAX：03-5834-2508

**印刷・製本**　シナノ書籍印刷株式会社


ISBN978-4-86113-189-9　C0095